Fritz Herman Hetzer

Das Verbrechen der Vergiftung

Fritz Herman Hetzer

Das Verbrechen der Vergiftung

ISBN/EAN: 9783743698543

Hergestellt in Europa, USA, Kanada, Australien, Japan

Cover: Foto ©Suzi / pixelio.de

Weitere Bücher finden Sie auf **www.hansebooks.com**

Dem Andenken

meines

teuren Vaters.

Litteratur-Verzeichnis.

———

Abegg, Lehrbuch der Strafrechts-Wissenschaft. Neustadt 1836.

v. Bar, Die Lehre vom Causalzusammenhang.

Bauer, Lehrbuch des Strafrechts. Göttingen 1833.

Berner, Lehrbuch des Deutschen Strafrechts. Leipzig 1895.

Binding, Die Normen und ihre Übertretung. Leipzig 1872 u. 1877.

    „   Lehrbuch des gemeinen Deutschen Strafrechts, besonderer Teil. Leipzig 1896.

Boehmert, Meditationes ad constit. criminal. Carolinam. Halle 1770.

v. Buri, Beiträge zur Theorie des Strafrechts und zum Strafgesetz-buche. — Gesammelte Abhandlungen. Leipzig 1894.

    „   Die Lehre vom Causalzusammenhange.

    „   Zur Lehre vom Versuche. Im Gerichtssaal (G. S.) 19. Jahr-gang. 1867 S. 59.

    „   Über den Begriff der Gefahr und seine Anwendung auf den Versuch. G. S. Jahrg. 49. 1888 S. 503.

    „   Zur Frage über den Begriff des Giftes in Goltdammers Archiv (G. A.) B. 10 S. 745.

    „   Der Versuch des Verbrechens mit untauglichen Mitteln oder an einem untauglichen Objekt. G. S. B. 20 S. 325.

    „   Über Kausalzusammenhang und dessen Zurechnung. G. A. B. 14. S. 608.

Dalcke, Kennt das Preußische Strafrecht einen strafbaren Versuch der Vergiftung im Sinne des § 197 des Strafgesetzbuchs? G. A. B. 6 S. 445 ff.

Dochow, Zur Lehre von dem gewerbs- und gewohnheitsmäßigen Ver-brechen. Jena 1871.

Demme, Die Grundbegriffe des Criminalrechts. Nürnberg 1861.

van Ekelen, Ad legem Corneliam de Sicariis et veneficis, Lugd. Batav. 1824.

Ehrmann, De veneficio doloso. Argentor 1781.

Engau, Elementa juris criminalis germanica — Carolini. Jenae 1753.

Feuerbach, Lehrbuch des gemeinen in Deutschland gültigen peinlichen
  Rechts. (Gießen 1840.

Zornett, Die Wirkung der thätigen Reue, welche nach vollendetem Verbrechen entsteht, auf die Zeitsetzung der Strafe. G. S. 20.
  Jahrgang S. 85.

Gengler, Die strafrechtliche Lehre vom Verbrechen der Vergiftung. 2. B.
  Bamberg 1842, 1843.

Meyer, in v. Holtzendorff's Handbuch des Deutschen Strafrechts.

Goltdammer, Materialien zum Strafgesetzbuche für die Preußischen
  Staaten. Berlin 1851/52.

Grimm, Deutsche Rechtsalterthümer. Göttingen 1828.

v. Grolmann, Grundsätze der Criminalrechtswissenschaft. Gießen 1825.

Häberlin, Über dolus generalis. G. A. B. 11 S. 541.

Hälschner, System des Preußischen Strafrechts II. Teil. Bonn 1868;
  insbesondere S. 160 ff.

  „   Das gemeine Deutsche Strafrecht. Bonn 1881, 1884, 1887.

Heffter, Lehrbuch des gemeinen Deutschen Strafrechts. Braunschweig 1857.

Henke, Lehrbuch der gerichtlichen Medizin. Berlin 1812.

Jarcke, Handbuch des gemeinen Deutschen Strafrechts, Band III,
  Berlin 1830.

Koch, Institutiones juris criminalis. Jenae 1791.

v. Liszt, Lehrbuch des Deutschen Strafrechts.

  „   Das Deutsche Strafrecht. 1881.

Liman, Handbuch der gerichtlichen Medizin. Berlin 1889. B. II.

Marezoll, Das gemeine Deutsche Criminalrecht, als Grundlage der
  neueren deutschen Strafgesetzgebungen. Leipzig 1856.

Martin, Lehrbuch des Preußischen gemeinen Criminal-Prozesses.
  Heidelberg 1836.

Marx, Zur Lehre von den Giften, 1827. Göttingen.

Meckel, Lehrbuch der gerichtlichen Medizin. Halle 1821.

Mittermaier, Das Verbrechen der Vergiftung in seiner Bedeutung für
  Gesetzgebung, Strafrecht und Strafverfahren mit Rücksicht auf
  die neuesten Forschungen der Chemie und Medizin. G. A. B. 4.
  S. 433; B. 5. p. 145.

Mittermaier, Der Versuch von Verbrechen, bei denen es an dem er-
  forderlichen Gegenstand des Verbrechens mangelt und der Versuch mit untauglichen Mitteln. G. S. 11. Jahrg. 1859 S. 403.

Meyer, Lehrbuch des Deutschen Strafrechts.

Mohr, Chemische Toxicologie. Braunschweig 1874.

Oppenhoff, Das Strafgesetzbuch für das Deutsche Reich. Berlin 1879.

Olshausen, Commentar zum Strafgesetzbuch für das Deutsche Reich. Berlin 1892 (und 1883.)

Osenbrüggen, Das Alamannische Strafrecht. Schaffhausen 1860.

Otto, Anleitung zur Ausmittelung der Gifte. Braunschweig 1874.

Puttmann, Elementa juris criminalis, commoda auditoribus methodo adornata . . . . . . Lips 1802.

Rein, Das Kriminalrecht der Römer. Leipzig 1844.

Roßhirt, Lehrbuch des Criminalrechts. Heidelberg 1821.

Rubo, Kommentar über das Strafgesetzbuch für das Deutsche Reich. Berlin 1879.

Sanio, Observationum ad legem Corneliam de Siccariis Particula prior. Regimont 1827.

Schirach, Kritik des ersten vom Verbrechen handelnden Teils des vom Freiherrn von Eggers abgefaßten Entwurfes eines peinl. Gesetzbuches für die Herzogtümer Schleswig und Holstein. Hamburg 1811.

Schopmann, Ad legum Cornel de Sicar et Venef. Hag. Batav. 1727.

Schütze, Lehrbuch des Deutschen Strafrechts. Leipzig 1874.

Schwarze, Kommentar zum Strafgesetzbuch für das Deutsche Reich. Leipzig 1873.

Stenglein, Sammlung der Deutschen Strafgesetzbücher. München 1858.

Thomsen W., Kritische Notizen zum Deutschen Strafgesetzbuch, e. G. S. B. 30 S. 81 (99).

Thomsen A., Criminalpolitische Bekämpfungsmethoden. Berlin 1893.

Thomsen A., Über den Versuch der durch eine Folge qualifizierten Delikte. Kiel 1895.

Trummer, Vorträge über Tortur . . . . . . in der Hamburgischen Rechtsgeschichte. Hamburg B. I. 1844.

Tittmann, Handbuch der Strafrechtswissenschaft und der Deutschen Strafgesetzkunde. B. I. Halle 1822.

Wächter, Deutsche Strafrechts-Vorlesungen. Leipzig 1881.

Wagner, Ve veneficii poena capitali. Erf. 1715.

Wafferschleben, Die Bußordnungen der abendländischen Kirche. Halle 1851.

Wilda, Das Strafrecht der Germanen. Halle 1842.

Zumpt, Das Kriminalrecht der römischen Republik. 4 B. Berlin 1865—1869.

Zur Lehre von der Vergiftung (Ein Rechtsfall) G. A. B. 10. S. 528.

Entscheidungen und Entwürfe.

Entscheidungen des Reichsgerichts in Strafsachen. (B. 1 S. 451, S. 819; 2 S. 56, 442; 3 S. 449; 4 S. 543, 290; 6 S. 341; 8 S. 198;

351; 9 S. 139, 253: 15 S. 281; 16 S. 135, 349; 17 S. 158;
18 S. 83; 19 S. 136, 226; 23 S. 225; 24 S. 382.

Oppenhoff, Rechtsprechung des Ober-Tribunals (B. 2 S. 411 ff . . .)
Justizministerialblatt. 1853. Erkenntnis des Ober-Tribunals (5. Nov. 1852).

     "   "   1855.   "   "   "   (16. Nov. 1854).

     "   "   1862.   "   "   "   (17. Jan. 1872.)

Entwurf des Strafgesetzbuchs für die Preußischen Staaten nach den Be-
schlüssen des Königlichen Staatsrats. Berlin 1843.

Entwurf des Strafgesetzbuchs für die Preußischen Staaten nebst dem
Entwurf des Gesetzes über die Einführung des Strafgesetzbuchs.
Berlin 1847.

Entwurf eines Strafgesetzbuchs für den Norddeutschen Bund. Berlin 1869.

Entwurf eines Strafgesetzbuchs für den Norddeutschen Bund 1870, im 3. B.
Anlagen der stenogr. Berichte des Reichstages des Norddeutschen
Bundes von 1870. S. 3 ff.

Disposition.

Vorbemerkung.

Auf der Grundlage des § 229 des Reichsstrafgesetzbuchs soll die vorliegende Abhandlung eine eingehende Betrachtung des Thatbestandes der Vergiftung als eines eigentümlichen Gefährdungsdeliktes bieten. Ausgeschlossen sind von unserer Betrachtung diejenigen gemeingefährlichen Vergiftungsdelikte, welche das R.St.G.B. in seinem § 324 zusammenfaßt.

Ein geschichtlicher Überblick über die Entwicklung des Verbrechens der Vergiftung im römischen und germanischen Strafrecht soll die bezeichnete Auffassung der Vergiftung als eines eigentümlichen Gefährdungsdeliktes auch historisch zu rechtfertigen versuchen.

Dem historischen Teil wird sich die dogmatische Begründung unserer Auffassung aus dem § 229 R.St.G.B. und seinem Mutterparagraphen dem § 197 des Preußischen St.G.B. anschließen.

Historischer Teil.

Capitel I.
Die Vergiftung im römischen Recht.

§ 1.
Die Zeit vor der lex Cornelia und die lex Cornelia de sicariis et veneficis.

Die lex Cornelia de sicariis et veneficis ist das älteste Gesetz, welches hinsichtlich des zur Frage stehenden Verbrechens uns genauer überliefert ist. Es unterliegt jedoch keinem Zweifel, daß die Vergiftung als Delikt schon in früherer Zeit bekannt und mit

Strafe bedroht ist.[1] Ihre Geschichte läßt sich bis in die Königszeit zurück verfolgen.[2]

Da jedoch die gesetzlichen Quellen fehlen, so läßt sich schwer ein Schluß auf die Auffassung jener fernen Zeiten machen.[3] Nach dem Standpunkt indessen, auf welchem nach Abschluß dieser vor-sullanischen Zeit die lex Cornelia steht, dürfte der Schluß gerecht-fertigt erscheinen, daß die Vergiftung schon früher als ein das Leben gefährdendes Delikt aufgefaßt wurde. Als ein solches stellt er sich in diesem Gesetze aus dem Jahre 81 v. Chr. u. (673 a. u. c.) dar. Das Capitel 5 dieses Gesetzes handelt von der Vergiftung.[4]

Aus der Vergleichung des Wortlautes der lex Cornelia mit den Digistenstellen geht mit Sicherheit hervor, daß zwei Unterarten der Vergiftung mit Strafe bedroht sind; das gewerbsmäßige Gift-mischen und das eigentliche Verbrechen der Vergiftung.[5] Es wirft das ein helles Licht auf die damalige furchtbare Zeit der Wirren, wo die gewerbsmäßigen Giftmischer, die venenarii aus dem Bereiten, und dem Verkauf der Gifte ein unheilvolles Gewerbe machten.

Neben diesem Verbrechen der Giftmischerei, welches an und für sich mit Strafe bedroht ist, ohne daß irgend eine bestimmte

---

[1] So Hälschner: System III S. 160; Sanio: a. a. O. S. XIX, Anm. 43; Rein: a. a. O. S. 406, 407.

[2] So Gengler: a. a. O. I. S. 31; Zumpt: a. a. O. I, 2 S. 208, 212, II, 2 S. 19 ff.

[3] Es sei erwähnt, daß selbst die leges XII tabularum als Quellen herangezogen werden.   .

Man vergleiche hierzu: Livius: Ab urbe condita VIII, 18.; Valer Maximus: VI, 3, 8; Gaius: l. 236 pr. Dig. de V. S; Heffter: a. a. O., § 274, N. 2; Sanio: a. a. O., S. XIX, N. 43; Dirksen: XII Tafel-Fragment S. 619; Gengler: a. a. O., I S. 32—34, 35—36; Zumpt: a. a. O., I, 2 S. 208, 212, I, 1 S. 358.

[4] Der Wortlaut des aus der Rede Cicero's pro Cluentio cap. 54 rekonstruierten Gesetzes würde nach Gengler: I S. 39 (vgl. Sanco: a. a. O. p. XVII) etwa gelautet haben: „Quicumque venenum malum fecit, fecerit, vendidit, vendiderit, emit, emerit, habuit, habuerit, dedit, dederit, de eius capite quaerito." Vgl. Marcian l 3, l 1 § 1 Dig. 48, 8.

[5] Vgl. Gengler: a. a. O. I S. 39 ff.; Rein: a. a. O. S. 410.

Perſon als Objekt des Verbrechens in's Auge gefaßt iſt, kommt die eigentliche Vergiftung in Betracht. Hier iſt zur Beſtrafung die Richtung des Vorſatzes auf eine beſtimmte Perſon als animus necandi hominem und als weiteres Thatbeſtandsmerkmal das „conficere" erforderlich.

Das „conficere" der venenarii iſt das „Zubereiten", das „conficere" des Giftmörders das „Beithun" zu einer Speiſe.[6]) Für beide Delikte der Vergiftung ex lege Cornelia ſind aber folgende Momente nötig: das „venenum" und der „animus necandi hominem."

Das Gift mußte im erſten Falle zubereitet, aufbewahrt oder verkauft worden ſein zum Zweck der Tötung von Menſchen, im zweiten Falle mußte ſchon der Anfang zur Ausführung der That gemacht worden ſein, in der Abſicht zu töten.

Das Geſetz fand daher keine Anwendung, falls Gift in das Gewahrſam Jemandes gefunden war, dieſes Gift aber nicht zum Morden, ſondern zu ärztlichen Zwecken Verwendung finden ſollte. Der Tod eines Menſchen mußte der Zweck der Handlung ſein. Die Vergiftung war demnach ein gegen das Leben gerichtetes Ver= brechen. Es war als Giftmiſcherei ein das Leben gefährdendes Delikt, als Vergiftung im engeren Sinne — Giftmord.[2]) Er galt bei dem veneficium ex lege Cornelia das Princip: nil interesse occidat quis an causam mortis praebeat" und der Verſuch wurde eben ſo ſchwer beſtraft wie der vollendete Mord.[3])

§ 2.
Die juſtinianiſche Geſetzgebung.

Die klare Auffaſſung der lex Cornelia wurde nicht fortgebildet. Es vollzog ſich im Laufe der Jahrhunderte nach Chriſtus allmählich

---

[6]) So Gengler: a. a. O. I S. 40.

[2]) Da das Geſetz den Begriff „Gift" nicht beſtimmte, ſo erfuhr der= ſelbe allmählich eine eigentümliche Ausdehnung auf Abortivmittel, Liebes= tränke ꝛc. Vgl. S.C. 1 3 § 2 Dig. 48, 8, 1 38 § 5 Dig. 48, 19.

[3]) Vgl. van Eekelen: a. a. O. S. 28; Zumpt: a. a. O. II, 2 S. 21; Rein: a. a. O. S. 416, 124; Gengler: a. a. O. I, S. 46, 81—83 1 1 pr. l. 7. Dig. 48, 8.

ein Umschwung, der in der justinianischen Gesetzgebung seinen Ab=
schluß findet.

Neben der Auffassung der lex Cornelia macht sich unter dem
Einflusse kirchlicher Anschauungen eine andere geltend, welche die
Vergiftung nicht nur äußerlich mit der Zauberei zusammen stellt,
sondern beide auch begrifflich mit einander vermengt.

Das hat in keiner Weise zur klaren Erkenntnis der Natur der
Vergiftung, zu einer scharfen Weiterentwicklung der Lehre dieses
Delikts beigetragen.

Im Gegenteil, die Folge ist: Verwirrung und Unsicherheit der
Begriffe.

Wird die Auffassung der lex Cornelia noch in den Digisten
vertreten, so steht der Codex schon auf dem Standpunkt des
justinianischen Rechts.[1]   Zwischen beiden Richtungen stehen die
Institutionen.[2]

In dem Codex hat sich der Entwicklungsprozeß vollzogen. Die
Vergiftung ist ganz aus dem früheren Zusammenhange heraus=
genommen. Hier findet sich zuerst das Wort „maleficium" und
der Titel, unter welchem die Vergiftung steht, heißt „de maleficis
et mathematicis."

In der praktischen Ausübung der Strafrechtspflege äußert sich
diese Verschiedenheit nicht so unmittelbar und durchgreifend.

Zum Thatbestand des Verbrechens gehören in der justinianischen
Gesetzgebung dieselben Erfordernisse, wie zur Zeit der lex Cornelia.
— Was man damals unter „Gift" verstanden hat, läßt sich nach
den vorhandenen Quellen nur schwer feststellen. Die Verquickung
der Vergiftung mit Zauberei, die hin und her schwankenden An=
sichten über die Begriffe „Arzenei", „medicamentum", „bonum
venenum", „malum venenum", lassen eine Begriffsbestimmung für
die damalige Zeit als völlig unmöglich erscheinen[3]).

---

[1] Vgl Codex Just. de maleficis et mathematicis . . . IX, 18.
[2] Vgl. Gengler: a. a. O. I S. 51 ff.
[3] Die einzige vorhandene Definition ist die von Gaius l. 236 Dig. 50
(vgl. l. 3 § 2 Dig. 48,8). Kann dieselbe auch nicht als scharfe Begriffs=

Wie in der lex Cornelia; so war es auch in der justinianischen Gesetzgebung unbedingtes Grunderfordernis der „animus necandi." Es genügt ebenfalls das bloße „habere", „facere", „conficere", „dare", mit dem Tötungsvorsatz. Das versuchte Delikt wird ebenso bestraft, wie das vollendete[1]). Dieselbe Strafe trifft Thäter und Teilnehmer[2]).

Capitel II.
Die Vergiftung im germanischen Recht.

§ 3.
Die älteste Zeit und die leges Barbarorum.

Ein ganz anderes Bild bietet die Entwickelung des Deliktes der Vergiftung im germanischen Recht. Unabhängig von christlich=kirchlichen Anschauungen zeigen schon die ältesten germanischen Rechts=quellen einen engen Zusammenhang zwischen Vergiftung und Zauberei.

Der Boden, welchem diese Auffassung entstammt, ist ebenfalls ein religiöser; sie wurzelt in dem germanischen Götterglauben.

Ein Volk, das auf der ersten Stufe seiner Entwicklung steht, hat nicht die wissenschaftliche Erkenntnis, welche die verborgene Wirkung des Giftes des Geheimnisvollen entkleidet und sie auf den Boden wissenschaftlicher Forschung zurückführt. Jeder mit einer Waffe gegen ein Menschenleben gerichtete Angriff tritt sinnfällig für das Auge in die Welt der Erscheinungen. Der Zusammenhang zwischen Ursache und Wirkung ist klar erkennbar und die Wunde am Körper zeigt, wo die Kraft ihren Weg gegangen ist.

bestimmung gelten — sie sagt nur: venenum sei ein Stoff, welcher bei-gebracht eine Veränderung des menschlichen Körpers hervorrufe — so ist sie doch für jene Zeit um so hervorragender als eine Definition der Wissenschaft bis heute noch nicht gelungen ist.
[1]) Vgl. Sanio: a. a. O., S. 109, 112, Gengler: a. a. O. I S. 83.
[2]) Vgl. l. 1 § 21 Dig. XXIX. 5: „tamen si quis conscii vel factores sceleris fuerunt, hi demum supplicio adficiuntur."
Vgl. Gengler: a. a. O. S. 93, 94 bis S. 96. Sanio: a. a. O. S. 112.

Das Gift dagegen wirkt ohne große äußerliche Veränderung. Die Wirkung ist eingetreten, der Mensch ist gestorben oder liegt schwer krank darnieder. Wo aber liegt die Ursache?

Der Eingriff in's menschliche Leben ist für die naive Auffassung um so furchtbarer, je weniger er sofort erkennbar ist und daher sogleich begriffen werden kann.

Darum schreibt die altgermanische Volksanschauung die geheimnisvolle Wirkung des Giftes einer übernatürlichen Macht zu. Der Mensch, welcher eine so furchtbare Wirkung hervorzurufen verstand, mußte im Bunde stehen mit außermenschlichen, dunkeln Mächten. Das war nur durch Zauberei erklärbar.

Wohl gab es auch Mittel, die in ihrer Wirkung ebensowenig begreiflich waren, aber sie wirkten zum Segen der Menschen und wurden guten Geistern zugeschrieben. Das Gift aber, welches das Leben vernichtete und schwere Krankheit brachte, war das Werkzeug böser Götter in der Hand verbrecherischer Menschen.

So giebt es im germanischen Recht eine gute Zauberkunst zum Segen der Menschheit in Not und Krankheit, lindernd und wunderthätig — und eine böse, schwarze Zauberkunst, welche Unglück über die Menschen bringt.

Nicht als ein besonders geartetes Delikt erscheint die Vergiftung in den leges barbaror, sondern als eine Art der Zauberei[1]).

In der späteren Zeit der Volksrechte finden sich wohl die Keime einer fortgeschrittenen Auffassung, welche die Vergiftung als eine besondere Art des Mordes betrachtet[2]).

Unter dem Druck kirchlicher Anschauungen sind diese gesunden Ansätze verkümmert.

Jede Zauberei wird als Verharren im alten heidnischen Unglauben angesehen. Ist früher nur die böse Zauberkunst und mit ihr die Vergiftung als etwas Strafbares angesehen worden, so gilt jetzt jede Handlung, welche sich an die Traditionen des alten Götter-

---

[1]) Vgl. lex Salica 19,1, lex Ripuaria 83, lex Wisig IV. 2.

[2]) Vgl. edictum Rotharis.

glaubens anlehnte, mochte es auch eine gute Zauberkunst sein, als gegen den neuen Gott, welchen die Kirche predigte, gerichtet. Es war ein Verbrechen gegen Gott.

So konnte eine wissenschaftliche Erkenntnis der eigentümlichen Natur dieses Deliktes nicht aufkommen [1]).

Die widerchristliche Gesinnung des Thäters ist in erster Linie für seine Strafbarkeit maßgebend.

Außer in der lex Salica, welche anscheinend die Absicht zu töten verlangt — „ut moriatur" — findet sich dieses Erfordernis in keinem Volksrechte. Es muß nur der Causalzusammenhang zwischen der Darreichung des Giftes und der eingetretenen Vergiftung vorliegen. Das Delikt ist vollendet mit dem Tode des Vergifteten. Der Versuch wird milder bestraft, wie das vollendete Verbrechen — im Gegensatz zum römischen Rechte [2]).

Über die Bestrafung des Teilnehmers findet sich nur etwas in der constitutio longobardica de veneficiis (1054 p. Chr. n.), welche überhaupt strenge Strafandrohungen enthält.

Die Strafe selbst ist je nach einer der beiden Richtungen, welche in den Volksrechten vertreten sind, verschieden. Die spezifisch germanischen haben die Strafe des Wehrgeldes [3]), diejenigen, welche sich mehr an das römische Recht anlehnen, die Todesstrafe [4]).

Was den Begriff „Gift" anbetrifft, so erscheint nur so viel als feststehend, daß er als ein Stoff angesehen wird, der, wenn er

---

[1]) Interessant sind in dieser Beziehung besonders die kirchlichen Bußordnungen jener Zeit. Vgl. Wasserschleben: Die Bußordnungen S. 112 (Poenitentiale Vinnai § 18 bis 20) S. 335 (Poenitentiale Pseudo-Egberti IV, 16) S. 448 (Poenitentiale Cummeani VI, § 8; VII, § 1, 2), S. 312)(Confess. Pseudo-Egberti XXIX) S. 266 (Pseudo-Beda c. XV 1—3). Vgl. Hälschner: a. a. O., S. 162, Anm. 2, S. 161, Anm. 7. Vgl. auch Geyer: a. a. O. S. 557, Anm. 4, S. 558, Anm. 5.

[2]) Vgl. Gengler: a. a. O. S. 162, 163. lex Salica Tit. XXII. § 1, 3, lex Ripuaria LXXXIII. § 2, lex Angl. Sax. Henr. I. num. LXXI. § 2, lex Bajuv. Tit. III. cap. 7, leg. Rothar Long. num. 139—42.

[3]) Vgl. lex Salica, lex Ripuaria, lex Bajuv, lex Anglo-Sax.

[4]) Vgl. lex Wisig. constit. long. de venef. Henr. II. 1054.

nicht tobbringend (mortiferum) wirkt, so doch Krankheit und Ge-
brechlichkeit (debilitas in corpore) zur Folge hat.

§ 4.
Die Rechtsbücher.

Die Auffassung der Volkrechte von der Vergiftung als einer
Art der Zauberei wurde unter dem Einflusse kirchlicher Anschauungen
im weiteren Verlaufe des Mittelalters nur noch entschiedener aus-
gebildet.

Die beiden bedeutendsten Rechtsbücher des 13. Jahrhunderts,
der Sachsenspiegel und der Schwabenspiegel, stellen Vergiftung und
Zauberei zusammen. Das Ansehen und die Geltung, welche sie im
Mittelalter behaupten, erklärt es, daß sich alle weiteren Rechte, in
Form von Rechtsbüchern, Spiegeln, Statuten u. s. w. ihrer Auffassung anschließen und die Vergiftung von demselben Gesichtspunkt
aus betrachten.

Im Sachsenspiegel (Buch II Art. 13) lautet die in Betracht
kommende Stelle:

> „Welcher Christen Mann oder Weib ungläubig ist, oder
> mit Zauberei umgehet oder mit Vergiftniß und der über-
> wunden wird, die soll man auf einer Hürden brennen."

Die Stelle des Schwabenspiegels (cap. 116) möge daneben
Platz finden:

> „Swel christen mensche ungelobig ist oder mit zober um-
> begat oder mit vorgiftniß . . . ."

Das Verbrechen der Vergiftung, von einem Christen begangen,
ist ein widerchristliches Verbrechen, welches mit der Zauberei zu-
sammengefaßt wird. Nicht, daß ein Nichtchrist straflos bliebe. Es
erscheint nur dann die That nicht als Abfall vom Christentume,
sondern als Mord[1]). Das Umgehen mit Gift, wie es in den
Rechtsbüchern heißt, kann nicht schon das einfache Zubereiten, Haben
u. s. w. sein. Der Ausdruck soll offenbar so viel bedeuten, als:

---

[1]) Vgl. dazu Gengler: a. a. O. S. 177 ff.

die Absicht, jemanden zu vergiften, mindestens bis zur Darreichung
des Giftes, verwirklicht haben.

Wird der Thäter „überwunden" = überführt, dann und nur
dann tritt die gesetzliche Strafe ein. Diese Strafe ist der Ver=
brennungstod auf dem Scheiterhaufen. —

Zeigen die Rechtsbücher dieser Periode eine so stark ausgeprägte
Tendenz, Vergiftung als eine Art Zauberei zu betrachten, so ist es
nicht zu verwundern, daß die kirchlichen Schriftsteller durchweg auf
diesem Standpunkt stehen.

Der Mittelpunkt und das Vorbild der meisten dieser Schrift=
steller ist Ghirlandus; er stellte ein ganzes System der gegen
die christliche Religion gerichteten Verbrechen auf und suchte dasselbe
nach allen Seiten auszubilden und zu vervollständigen[1]). Die Aus=
bildung der Lehre in dieser falschen Richtung hat damit ihren Höhe=
punkt erreicht. Noch lange aber hat es gedauert, ehe sie völlig
derjenigen Auffassung Platz gemacht hat, welche die C.C.C. vertritt
und das gemeine deutsche Strafrecht beherrscht.

Capitel III.
Das gemeine deutsche Strafrecht.

§ 5.
Die Carolina.

Die Jahrhunderte bis zum Erscheinen der C.C.C. herrschende
Anschauung war nicht · mit einem Male ein überwundener Stand=
punkt. Sie wirkte noch weit hinein in die Zeit des gemeinen
deutschen Strafrechts[2]).

Die Auffassung der Carolina, die Vergiftung sei eine Art der
Tötung, kam nicht über Nacht. Sie findet sich schon im römischen
und im alten germanischen Recht. Jahrhunderte von der Bildfläche

---

[1]) Vgl. Hälschner: a. a. O. S. 163, Paulus Ghirlandus: de
haereticis et eorum poenis.

[2]) Vgl. Trummer: Vorträge S. 107, 127, 419: Hamburger Stadt=
rechte von 1270, 1276, 1292, 1497, 1605.

verschwunden, kommt sie schließlich doch als einziger Ausgangspunkt für wissenschaftliche Forschung, für eine klare Einsicht in das Wesen der Vergiftung wieder zu ihrem Recht. Schon in der Reichsgesetz= gebung sucht verschiedentlich die Ansicht die Oberhand zu gewinnen, die Vergiftung sei eine Art heimlicher, verräterischer Tötung [1]). Es gelang ihr nicht gegenüber jener von der Geistlichkeit genährten mystischen Auffassung. — Es ist ein Kampf zweier Richtungen, deren Nachwirkung selbst die C.C.C. noch verspüren läßt.

Das Licht, welches den Weg der künftigen Entwicklung erhellen sollte, kam von einer anderen Seite.

Die wissenschaftliche Umgestaltung der Lehre der Vergiftung ging aus von den italienischen Criminalisten des Mittelalters.

Aufbauend auf der lex Cornelia, den Digesten, dem Coder und dem longobardischen Rechte erkannten sie: die Vergiftung ist eine Tötung. Wegen der heimlichen Begehungsweise indessen be= trachteten sie die Vergiftung als qualifizierte Tötung [2]). Im Anschluß jedoch an die longobardisch=germanischen Rechtsanschauungen sollte der Versuch — im Gegensatz zum alten römischen Recht — milder bestraft werden, als das vollendete Delikt [3]). So sollte Todesstrafe nur für das vollendete Delikt eintreten.

Diese Auffassung findet zuerst in den süddeutschen Ländern Anerkennung. Im Norden herrschen noch unbestritten der Sachsen= spiegel und die sich ihm anschließenden Rechtsbücher.

Das Stadt= und Landrechtsbuch Ruprechts von Freysing behandelt in Deutschland zuerst die Vergiftung als eine Art der Tötung [4]) [5]).

---

[1]) Vgl. Geyer: a. a. O. S. 558, Anm. 4. Henr. III. const. loug. de venef. „Quicumque veneficio seu quolibet modo furtivae mortis aliquem peremerit.“ Vgl. const. Frider. II in Basil. Petri 1220. Henr. reg. Treuga 1230. Henr. reg. sentent. de bonis haeret. 1231. Friderici II et Conradi IV edicta contra haeret. 1238—39.

[2]) Vgl. die bei Gengler: a. a. O. I S. 125 ff. angeführten Stellen.

[3]) Vgl. die bei Gengler: a. a. O. I S. 135 ff. erwähnten Stellen.

[4]) Vgl. Gengler: a. a. O. I S. 184: „und wer dem andern vergift zu essen gibt, davon er sterben mues, das heißen wir alle Mörder, die sol man radsprechen.“

[5]) Auch das Augsburger Stadtrecht hat schon für die Vergiftung

Diese Auffassung hat dann in weitem Umfange Eingang in den Gerichtsgebrauch gefunden. Sie wird maßgebend für die Vor=
läuferin der Carolina, die Bambergensis.

Hier ist die Vergiftung in 3 Artikeln (155, 45, 52) klar als eine qualificierte Art der Tötung behandelt. Wunderbarer Weise erscheint die Beschädigung der Gesundheit durch Gift dem Giftmord gleichgestellt. [1])

Diese Bestimmungen der Bambergensis werden 1532 in der C.C.C. Reichsgesetz. Von der Vergiftung handeln daselbst die Artikel: 37, 50, 130. Die beiden ersten haben nur strafprozessuale Bedeutung. In Betracht kommt Artikel 130, der seiner Wichtigkeit wegen im Wortlaut folgt.

Er steht unter der Ueberschrift: Hernach volgen etlich böse tödtung, und von . . . ." und lautet:

„Item, wer jemand durch Gift oder venen an leib oder leben beschädigt, ist es ein Mannsbild, der soll einem fürgesetzten mörder gleich mit dem rat zum tod gestrafft werden."

Die Vergiftung erscheint hier als ein gegen das Leben ge=
richtetes Delikt. Zum Thatbestand des vollendeten Verbrechens ist erforderlich: Heimlichkeit der Begehung und der eingetretene Tod oder eine Beschädigung des Leibes.

Die Gefahr für menschliches Leben und Gesundheit, die ge=
meine Gesinnung des Thäters und die Hinterlistigkeit des Angriffs lassen das Delikt als eine qualifizierte Tötung erscheinen. Es ist bedroht mit verschärfter Todesstrafe. [2])

Die Stellung der Vergiftung als qualifizierter Mord an die Spitze der „bösen tödtungen" berechtigt zu der Annahme, daß als

die Strafe des Mordes: das Rad, für die Zauberei dagegen: den Ver=
brennungstod. Vgl. Osenbrüggen: a. a. O. S. 227, 374. Hälschner:
a. a. O. S. 163, Anm. 6. Geyer: a. a. O. S. 558, Anm. 8.
[1]) vgl. Gengler, a. a. O. S. 204. Hälschner, a. a. O. S. 164.
[2]) vgl. die bei Gengler, a. a. O. S. 197 Anm. 59 angeführte,
interessante Stelle aus dem zu derselben Zeit geltenden englischen
Strafrecht.

dolus die Tödtungsabsicht gefordert wurde. Es dürfte daher zweifel=
haft erscheinen, ob die verschärfte Strafe des Rades auch schon bei
nur dolosen Gesundheitsverletzungen zu verhängen war.[1]

Es ist schließlich noch zu bemerken, daß die Praxis der will=
kürlichen Verbesserung Carprov's von Leib oder Leben in Leib
und Leben folgend bei vorsätzlichen Gesundheitbeschädigungen nie
die verschärfte Todesstrafe angewandt hat.[2]

Die Vergiftung erscheint hiernach als eine Gefährdung mensch=
lichen Lebens. Schon die geringste Gesundheitsverletzung in der
Absicht zu töten, wird mit der Strafe des vollendeten Verbrechens
bestraft.

Das ist um so bemerkenswerter, als die Möglichkeit einer Be=
strafung nur doloser Gesundheitsverletzung aus den Art. 130 nicht
direkt von der Hand gewiesen werden kann (vgl. das oben'gesagte.)

Steht daher die Vergiftung auch unter den „bösen tödtungen",
so lassen sich doch auch hier Momente finden, welche für die Auf=
fassung der Vergiftung als einer Gefährdung sprechen.

§ 6.
Die Doktrin des 18. Jahrhunderts und die deutsche Partikularstrafgesetzgebung.

Noch Carprov unterscheidet zwei Arten der Vergiftung, 'eine,
welche mittelst Zauberkünsten, eine andere, welche mittelst Gift be=

---

[1] vgl. dafür: Wächter, a. a. O. B. II, S. 188 h. 79 (Boehmer
ad art. 130). Ehrmann, a. a. O. § 21. Grolmann a. a. O. § 251,
S. 264. Wächter, a. a. O. noch S. 143 Nr. 47. Bauer, a. a. O.
§ 171, S. 255, § 189, S. 280 Anm. 9. Mittermaier, Zu Feuerb. Kri=
minal-Recht § 222, N. 1, S. 327. Jarcke, a. a. O. III, § 39, Anm. 2,
S. 233; dagegen: Roßhirt, a. a. O. § 153. Marezoll, a. a. O.
Cap. I, Tit. 2, S. 401. Heffter, a. a. O. § 275, Nr. 5, S. 216. Martin,
a. a. O. § 131. Feuerbach a. a. O. § 249. Gengler, a. a. O. I,
S. 207, 208. Tittmann a. a. O. sich widersprechend § 197 und 200.

[2] vgl. Mittermaier, Zu Feuerb. Kr.-R. § 249, N. 1, S. 363.
Abegg, a. a. O. § 263, S. 363. Jarcke, a. a. O. III, § 39, S. 236.
Tittmann, a. a. O. § 200, S. 410. Wächter, a. a. O. II, § 175 N. 80,
§ 169, S. 144. Grolmann, a. a. O. § 251, S. 264, Anm. c. Heffter,
a. a. O. § 276, Anm. 9, S. 218.

gangen wird. Diese allein entspricht der Auffassung der C.C.C. — Das 18. Jahrhundert bringt durch Thomasius die Aufklärungsperiode und die endgültige Ueberwindung jenes alten, mystischen Standpunkts. Die Lehren der C.C.C. stehen im Vordergrunde und an ihrer Fortbildung versucht sich die Juristenwelt Deutschlands.

Die Frage, welche jetzt der Beantwortung harrt, besteht darin: ist die Vergiftung nur eine Unterart der Tötung oder ist sie wirklich ein besonders geartetes Verbrechen, deren Eigentümlichkeiten auch bei doloser Gesundheitsbeschädigung klar zu Tage treten? Die Interpretation des Art. 130 durch Carprov hatte einen Zwiespalt unter den Juristen hervorgerufen.[1]) Die einen stellten dem Giftmorde die dolose Gesundheitsbeschädigung gleich, ließen aber nur, wie bei Mord, bei einer u n h e i l b a r e n Gesundheitsbeschädigung die Todesstrafe eintreten. Eine leichte Gesundheitsverletzung faßten sie als Versuch auf.

Die anderen, welche sich der Lehre Carprov's anschlossen, wichen doch darin von ihm ab, daß sie auch bei d a u e r n d e r Gesundheitsverletzung die Todesstrafe verhängt wissen wollten.

Vorläufig herrschte noch die Anschauung: die Vergiftung ist eine Art der Tötung[2]). Der Ausgang des Kampfes dieser beiden Strömungen indessen konnte nicht zweifelhaft sein. Die dolose Gesundheitsbeschädigung mittelst Giftes mußte aus dem umfassenderen Thatbestand der Vergiftung nach der C.C.C. ausscheiden.

In der Begriffsbestimmung des Giftes kam man insofern weiter, als man dem Gifte Stoffe gleichstellte, welche im concreten Falle ebenso, wie Gift, gegen Leib oder Leben zu wirken vermöchten und gewirkt hätten.[3])

---

[1]) vgl. Hälschner, a. a. O. S. 165, 166.
[2]) vgl. [1]), vgl. auch: Bochmer, Elem. II, § 234 (meditationes ad Carp. ad art. 130). Koch, Instit. § 493—494. Richter, Instit. c. c. II, § 618. Püttmann, Elem. § 357.
[3]) vgl. Hälschner, a. a. O. S. 165. Leyfer a. a. O. S. 609 Nr. 26 (Engau, Elem. i. c. 1 § 105, 106. Püttmann, siehe oben. Koch, a. a. O. § 492. Quistorp, a. a. O. § 260.

In welchem Verhältnis steht nun die deutsche Partikularstraf=
gesetzgebung zu der Doktrin des 18. Jahrhunderts? Sie ist beein=
flußt durch jene beiden um die Oberherrschaft ringenden Auffassungen,
sich bald mehr der einen, bald der anderen mehr zuneigend.

Einige Partikularstrafgesetzbücher behandeln die Vergiftung als
Unterart der Tötung, sich dabei oft in Einzelheiten und Prä=
sumptionen ergehend, welche für die Auffassung der Vergiftung als
solcher belanglos sind.[1)]

Andere wieder erwähnen die Vergiftung überhaupt nicht.[2)]
Nur wenige betrachten die Vergiftung außerhalb des Rahmens der
Tötungen als besonderes Delikt doloser Gesundheitsverletzung durch
Gift und geben demgemäß gesetzliche Bestimmungen.[3)]

Auf diesem Standpunkt steht auch der § 197 des Preußischen
Strafgesetzbuchs, der Mutterparagraph des § 229 Reichsstraf=
gesetzbuchs.

In richtiger Erkenntnis der Natur dieses Verbrechens läßt der
Gesetzgeber nicht mehr den Erfolg entscheidenden Faktor für die
Formulierung des Thatbestandes sein, sondern legt das ganze Ge=
wicht auf die Handlung. Aus einem materiellen Verbrechen ist die
Vergiftung ein „delictum formale" geworden. Jetzt tritt der
Charakter des Verbrechens klar hervor.

Als Abschluß des historischen und als Eingang zum dogmatischen
mögen der § 197 des Preußischen Strafgesetzbuchs und der § 229
des Reichsstrafgesetzbuchs hier im Wortlaut Platz finden:

§ 197.

„Wer vorsätzlich einem anderen Gift oder andere Stoffe
beibringt, welche die Gesundheit zu zerstören geeignet sind, wird
mit Zuchthaus bis zu zehn Jahren bestraft.

[1)] vgl. Oesterreich 1852, § 132, 1. Preußen 1794, §§ 856 bis 869,
871 und 872. Bayern 1813, Art. 148, 149. Württemberg 1839, Art. 240,
242, 269, 271. Hessen 1841, Art. 276, 278, 279. Hannover 1840, Art.
228, 244 II.

[2)] vgl. Sachsen 1855, § 166. Sachsen-Altenburg 1841, Art. 132 ff.
Thüringen 1850—52, Art. 122.

[3)] vgl. Württemberg 1839, siehe oben [1)]. Baden 1845, § 243—45.

Hat die Handlung eine schwere Körperverletzung zur Folge gehabt, so besteht die Strafe in Zuchthaus von 10 bis zu 20 Jahren.

Hat die Handlung den Tod zur Folge gehabt, so tritt lebenslängliche Zuchthausstrafe ein.

Diese Bestimmungen berühren nicht den Fall, wo der Thäter die Absicht zu töten hatte."

§ 229.

„Wer vorsätzlich einem Anderen, um dessen Gesundheit zu beschädigen, Gift oder andere Stoffe beibringt, welche die Gesundheit zu zerstören geeignet sind, wird mit Zuchthaus bis zu 10 Jahren bestraft. — Ist durch die Handlung eine schwere Körperverletzung verursacht worden, so ist auf Zuchthaus nicht unter fünf Jahren und wenn durch die Handlung der Tod verursacht worden, auf Zuchthaus nicht unter zehn Jahren oder lebenslängliches Zuchthaus zu erkennen."

Dogmatischer Teil.

§ 7.
Einleitung.

Jedem Strafgesetz liegt eine Norm zu Grunde.[1]) Die Art dieser Norm erkennen, heißt das Wesen des Delikts ergründen. Bei der Vergiftung kennzeichnet sich diese Norm als ein Verbot.

Will der Gesetzgeber ein Rechtsgut in besonders hohem Grade jedem Angriff schützen und bewahren, so verbietet er nicht nur die Verletzung des Rechtsgutes, sondern auch seine Gefährdung.

Indem er „vor das Verursachungsverbot als zweiten Gürtel das Gefährdungsverbot schiebt" schützt der Gesetzgeber das Gut „durch doppelte Ummauerung".[2])

---

[1]) Vgl. Binding: a. a. O. I S. 98.
[2]) Vgl. Binding: a. a. O. I S. 188.

Nun ist aber ein bloßes Gefährdungsverbot an sich undenkbar, es wird denkbar durch die Möglichkeit einer Verletzung. Das Gefährdungsverbot ist also umschlossen von dem Verletzungsverbot.[1]) Es kann nur existent werden unter dem Gesichtspunkt der Möglichkeit einer Verletzung. Nur von diesem aus sind die Begriffe „Gefährdung" und „Gefährdungsverbot" vernünftig und existenzberechtigt. Gefährdungsverbote als solche kennt das Reichsstrafgesetzbuch nicht. Sie würden keinen Zweck haben.

Ohne Möglichkeit einer Verletzung keine Gefährdung; ist keine Verletzung möglich, so muß die Gefährdung straflos sein, weil die Handlung keine Gefährdung ist, denn Gefährdung ist „jener Umstand, der nach unserer Erfahrung in der Mehrzahl der Fälle zum Erfolge führt."[2]) Die diesen Zustand verwirklichende Handlung ist daher nur unter dem Gesichtspunkt eine Gefährdung, daß durch sie die Verletzung des Rechtsgutes eintreten kann. Sofern das aber regelmäßig der Fall ist, wird die Handlung für sich schon vom Gesetzgeber mit Strafe bedroht.

Capitel I.
Das vollendete Verbrechen der Vergiftung.

§ 8.
Der Vorsatz.

Nach Binding ist die Vergiftung: „Vorsätzliche Lebensgefährdung durch Gift, qualifiziert durch die Absicht mittelst des Giftes zugleich eine Körperverletzung zu bewirken."[3])

Der Wortlaut des § 229 ist: „Wer vorsätzlich . . . um dessen Gesundheit zu beschädigen." Unterscheidet man Gefährdung und Verletzung qualitativ und nimmt man demgemäß auch qualitativ verschiedene Verbote an, so muß allerdings eine neben vorsätzlicher Gefährdung vorhandene Absicht zu beschädigen besonders erklärt

---

[1]) So auch v. Liszt: System § 3 S. 9.
[2]) So v. Liszt: System § 3 S. 9.
[3]) So Binding: a. a. O. II S. 520, vgl. Lehrbuch S. 19 f.

werden.[1]) Bei Binding erscheint diese Absicht als Qualification des Gefährdungsvorsatzes. — Ist aber die Norm „du sollst nicht gefährden" wirklich qualitativ eine ganz andere, wie die „du sollst nicht verletzen" dann kann die vollendete Gefährdung keineswegs zugleich versuchte Verletzung sein.

Das ist aber gerade beim § 229 der Fall. Die „in der Absicht zu beschädigen" begangene Gefährdung wird ja mit Strafe bedroht. Die Absicht zu verletzen ist wesentliches Erfordernis und die versuchte Beschädigung ist daher, selbstverständlich, wenn das Gift beigebracht ist, stets vollendete Gefährdung.

Wer also keinen qualitativen Unterschied zwischen Gefährdung und Verletzung sieht, hat auch die im Gesetz ausdrücklich erwähnte Absicht „zu beschädigen" nicht als qualifizierendes Moment zu erklären.[2])

Für ihn liegt dem § 229 ein verschärftes Verletzungsgebot zu Grunde und die Absicht „zu beschädigen" ergiebt sich notgedrungen als die der Norm conträre Willensrichtung; denn die vollendete Gefährdung ist zugleich versuchte Verletzung.

Die Norm, welche dem § 229 zu Grunde liegt, ist demnach: „Du sollst nicht einem Anderen Gift beibringen in der Absicht, seine Gesundheit zu beschädigen."

Der Dolus des Thäters ist ein Wille, der mit Bewußtsein auf Beibringung „von Gift oder anderen Stoffen, welche die Gesundheit zu zerstören geeignet sind" und auf eine infolge der Beibringung eintretende Gesundheitsbeschädigung gerichtet ist. Der Vorsatz setzt sich aus drei Momenten zusammen. Er muß erstens bewußter Weise auf die Beibringung des Mittels gerichtet sein.

Die Vorstellung des Thäters von der Wirkungsart und Wirkungsmöglichkeit des Mittels muß zweitens den Erfolg d. h. eine Gesundheitsbeschädigung als gewollt umfaßt haben.

---

[1]) Vgl. Binding: a. a. O. II S. 455 auch Urteil des Pr. O. A G. vom 22. November 1873 (Opp XIV S. 748.)

[2]) Vgl. Motive „denn durch die Worte „um die Gesundheit zu beschädigen" ist nur die verbrecherische Absicht näher bezeichnet."

Er muß drittens in dem Bewußtsein gehandelt haben, daß er sich eines Stoffes bediene, der die Gesundheit zu zerstören geeignet sei. Das erste Erforderniß bedarf kaum besonderer Erörterung. Dagegen ist speziell auf die Absicht, die Gesundheit zu be= schädigen noch näher einzugehen.

Es kann kein Zweifel darüber sein, daß eine Gesundheits= beschädigung sowohl in geistiger, wie körperlicher Beziehung möglich ist und vom Gesetz umfaßt werde.

Eine Begriffsbestimmung der Gesundheit, sowie der Gesundheits= beschädigung erübrigt. Eine Definition, welche allen Fällen des praktischen Lebens gerecht wird, dürfte sehr schwer zu geben sein. Gerade bei den in dieser Richtung sich ergebenden Fragen wird meist nur der concrete Fall die richtige Antwort geben.

Es ist eine Gesundheitsbeschädigung möglich, ohne „Störung des körperlichen Wohlbefindens" (so R. G. XIX p. 136 ff.) Sie ist weiter denkbar, ohne Verletzung der Körpersubstanz[1] z. B. bei Ver= ursachung einer Geisteskrankheit.

Ist eine Gesundheitsbeschädigung möglich, ohne Verursachung körperlichen Unbehagens, so ist andererseits auch nicht jede Störung körperlichen Wohlbefindens eine Beschädigung der Gesundheit.[2] Damit scheidet auch das Gefühl des Verletzten als Kriterium aus einer Begriffsbestimmung der Gesundheitsbeschädigung aus.

---

[1] A. M. v. Liszt System S. 236. Es kann nach dem von v. Liszt an dieser Stelle gewählten Beispiel (Zopfabschneiden) eigentlich nur eine äußer= liche Verletzung der Körpersubstanz gemeint sein. Sollte aber die Auf= fassung zu Grunde liegen, daß bei einer durch psychische Einwirkung verursachten Beschädigung der geistigen Gesundheit eine materielle Ver= änderung der Körper= oder Gehirnsubstanz vor sich gegangen sei, so bleibt erstens zu beweisen, daß diese Veränderung sich als Verletzung darstellt und zweitens daß überhaupt ein Bedingungsverhältnis zwischen psychischer Einwirkung und Veränderung der Körpersubstanz besteht, oder daß ein geistiger Prozeß einen materiellen voraussetzt. Vgl. auch Olshausen a. a. O. II S. 776.

[2] So Olshausen: a. a. O. II S. 766; a. M.: Oppenhoff: a. a. O. S. 434; Rubo: a. a. O. S. 769.

Bei einer solchen muß eine Störung des Zusammenwirkens aller Teile des Organismus vorhanden sein. Wie groß dieselbe sein muß, um eine Beschädigung der Gesundheit für vorliegend zu erachten, ist nur im concreten Fall zu entscheiden.

Eine vorübergehende Verschlimmerung bei schon vorhandener Krankheit kann sich als Beschädigung der Gesundheit darstellen.[1] Aber nicht jede Verursachung von körperlichen Mißbehagen und Übelbefinden muß eine solche sein. — Als drittes Kriterium des Vergiftungsvorsatzes erfordert das Gesetz das Bewußtsein der Thäters, der beigebrachte Stoff sei geeignet, die Gesundheit zu zerstören.[2] — In diesem Bewußtsein kommt wieder die eigentümliche Natur der Vergiftung zum klaren Ausdruck. Die Grenze, wo der Stoff bei diesem oder bei jenem Individuum nur noch gesundheitsbeschädigend wirkt, kennt der Thäter nicht und kann sie nicht kennen. Die Möglichkeit, daß diese Grenze überschritten wird, erklärt sich aus der tückischen Natur das Mittels, dessen Wirken der Thäter nicht beherrscht.

§ 9.

„**Gift oder andere Stoffe, welche die Gesundheit zu zerstören geeignet sind.**"

Während auf Grund des Gutachtens der wissenschaftlichen Deputation für das Medizinalwesen in Preußen[3] der I. Entwurf zum Norddeutschen Strafgesetzbuch den Ausdruck „Gift" vermied[4], führte ihn der II. Entwurf wieder ein.

Dieses Gutachten beruhte auf der richtigen Erwägung, daß eine Feststellung des Begriffes „Gift" sowohl chemisch wie medizinisch unmöglich sei. Wo ein Begriff bestimmt werden soll, müssen

---

[1] So R. G. XIX S. 226 f.

[2] D. h.: daß auch die angewendete Quantität geeignet war, gesundheitszerstörende Wirkung herbeizuführen, so R. G. XXIV S. 383.

[3] Vgl. Anlagen zu den Verhandlungen des Reichstages des Norddeutschen Bundes, I. Legislaturperiode, Sitzungsperiode 1870 Aktenstück V Anlage 3 S. XV.

[4] Vgl. Entwurf I zum Norddeutschen St. G. B. § 202 1869; Motive: S. 161.

Grenzen vorhanden sein. Da aber jeder Stoff unter bestimmten Verhältnissen Gift sein kann, so giebt es hier keine Begrenzung und damit auch keine Begriffsbestimmung. „Alle Versuche, den Begriff vom chemischen Gesichtspunkt aus zu definieren, sind bis jetzt fehlgeschlagen und ebensowenig vermag auch die Wissenschaft der praktischen Medizin unangreifbare Kriterien für die Gesammtheit der Stoffe aufzustellen, denen die Bedeutung „Gift" ausschließlich zukäme (Gutachten der Wissensch. Deputation.)

Ist nun auch die Wissenschaft in der Erkenntnis der Wirkungs= art der Gifte auf den menschlichen Organismus fortgeschritten, so ist sie doch noch soweit entfernt von einer Lösung dieser Frage, daß sie eine wissenschaftlich brauchbare Einteilung der Gifte bisher nicht geben kann.[1]

Eine solche Einteilung ist ebenso entbehrlich, wie eine Fest= stellung des Begriffes Gift.[2]

Es hat daher gar keinen Zweck Gift im § 229 als einen Stoff zu bezeichnen, „der in kleiner Dosis durch seine chemische Beschaffenheit das Leben zu zerstören geeignet ist.[3][4] Es kommt

[1] Vgl. Liman: a. a. O. S. 368.

[2] Der Wissenschaft dürfte auch folgende Definition von Robert (Meyer's Konvers. Lexikon Bd. VII S. 566) nicht genügen: „Gifte sind solche, teils organische, teils unorganische, im Organismus entstehende oder von außen eingeführte, teils künstlich dargestellte, teils in der Natur vorgebildete, nicht organisierte Stoffe, welche durch ihre chemische Natur unter gewissen Bedingungen irgend welches Organ lebender Wesen so beeinträchtigen, daß das (relative) Wohlbefinden dieser Wesen dadurch vorübergehend oder dauernd schwer geschädigt wird.

[3] Vgl. Olshausen: a. a. O. S. 798; Oppenhoff: a. a. O. S. 446 N. 2; Meyer: a. a. O. S. 400 (Aufl. 2); a. M.: Geyer: a. a. O. S. 561; Liman: a. a. O. p. 367; Kubo: a. a. O. S. 788 ff.

[4] Vgl. auch Mohr: a. a. O. S. 5. ff. So giebt es unzweifelhaft „Gifte" im Volkssinne, welche nicht chemisch wirken wie z. B. das Strychnin, die sogen. Pfeilgifte, das Curare u. s. w. Stoffe, welche auf das Nervensystem lähmend wirken und es giebt wieder Gifte, welche nach der Form und der Zusammensetzung, in welcher sie beigebracht werden, ganz verschieden wirken.

allein darauf an, ob die beigebrachte Substanz ein Stoff sei, welcher die Gesundheit zu zerstören geeignet ist.

Dies Kriterium kommt allen sogenannten Giften zu und das Gesetz hat nicht einer fest bestimmten Gruppe von Substanzen, welche Gifte seien andere Stoffe, welche die Gesundheit zu zerstören geeignet sind, gegenüberstellen wollen.

Was war aber für ein Grund vorhanden, den Ausdruck „Gift" überhaupt beizubehalten?[1])

Die Motive geben hierüber klare Auskunft: „Der Ausdruck ist beibehalten, weil er der hergebrachten Auffassung des gemeinen Lebens entspricht und weil durch den allgemeinen Zusatz: „oder andere Stoffe, welche die Gesundheit zu beschädigen geeignet sind" hinreichend angedeutet wird, daß nach der Meinung des Gesetzes auch Gift objektiv dieselbe Eigenschaft besitzen müsse. So richtiges deshalb auch sein mag, daß wie das Gutachten der Wissenschaft= lichen Deputation ausführt, die Eigenschaft eines Stoffes als Gift sich nach den Grundsätzen chemischer und medizinischer Wissenschaft allgemein nicht vorher bestimmen lasse, so handelt es sich nach dem Sinne und der Fassung des Entwurfs doch nicht um eine solche abstrakte Feststellung des Begriffes. Das Gesetz hat nicht durchweg Stoffe im Auge, welche unbedingt und unter allen Umständen als gesundheitsschädlich zu betrachten sind. Vielmehr ist im einzelnen Falle mit Rücksicht auf die Qualität und Quantität des beige= brachten Stoffes, auf die körperliche Beschaffenheit desjenigen, dem ein Stoff beigebracht worden ist, überhaupt mit Rücksicht auf die besonderen Umstände zu entscheiden, ob der Stoff als ein gesundheits= schädlicher zu erachten sei. Daß dem Thäter die schädliche Eigenschaft bewußt gewesen sein muß, folgt aus dem allgemeinen Grundsatz des § 57 (jetzt § 59)."

Neben der Begründung für das Beibehalten des Ausdrucks „Gift" bringen hier die Motive aber noch einen sehr wichtigen

---

[1]) Und nicht vielmehr ihn aufgehen zu lassen in den „anderen Stoffen." Vgl. auch Code pénale: Art. 301 „des substances, qui peuvent donner la mort plus ou moins promtement."

Punkt zur Sprache. — Das ist der Unterschied in der Auffassung des beigebrachten Stoffes nach dem Preuß. St. G. B. und nach dem Entwurf zum R. St. G. B. Das Preuß. St. G. B. verlangt bei Beibringung von Gift keine Ermittelung und Feststellung, daß dieses Gift geeignet war, die Gesundheit zu zerstören, geht vielmehr von der Auffassung aus, „daß bei dem Gifte der Thatbestand von der Quantität völlig unbhängig sei, indem dasselbe vermöge seiner Qualität allein der gefahrdrohende Stoff, also ein an sich (absolut) taugliches, bei unzureichender Quantität mithin nur ein unzu= reichendes, reelativ untaugliches, die Strafbarkeit nicht ausschließendes Mittel sei."[1]

Das Verbrechen der Vergiftung ist aber vollendet, „wenn Gift überhaupt, gleichviel in welcher Quantität beigebracht ist"[2].

Im Gegensatz zu dieser Auffassung stehen die Motive zu § 229 auf dem Standpunkt, daß für das vollendete Verbrechen eine in concreto zur Zerstörung der Gesundheit geeignete Quantität bei= gebracht sein müsse. Da aber Gift erst unter diesem Gesichtspunkt strafrechtlich für das vollendete Verbrechen, Gift, d. h. „ein Stoff, der seiner Natur nach die Gesundheit zu zerstören geeignet ist" (so R. G. III, p. 449) wird, so verlangt allerdings auch der That= bestand des § 229 keine Feststellung, daß Gift beigebracht wurde, welches die Gesundheit zu zerstören geeignet ist[3]. Durch die Worte „oder andere Stoffe, welche . . . . . ." hat das Gesetz in glücklicher Weise eine Ergänzung zu dem Ausdruck „Gift" gegeben[4].

Man kann weder sagen, zu diesen Stoffen seien solche zu rechnen, welche spezifisch auf den Organismus, wie Gifte wirkten[5] und nur von der Volkssprache nicht Gifte genannt würden, noch diese Gruppe von Substanzen wirke spezifisch anders, wie Gifte.

---

[1] Vgl. Mater zur Entsch. d. § 197; G. A. II. S. 425 ff. S. 823. Vgl. auch G. A. IV. S. 679, 841; IX. S. 171; X. S. 537.

[2] Vgl. G. A. X, S. 537.

[3] Vgl. Olshausen: a. a. O., N. 3, Abs. 2, J.M.Bl. (1862): Entsch. d. Ob.=Trib. 17. Januar 1862.

[4] Vgl. Liman: a. a. O., S. 361.

[5] Vgl. Oppenhoff: a. a. O., No. 4.

Das „oder" des § 229 („Gift oder andere") soll keinen Gegen=
satz bezeichnen. Der Paragraph hat vielmehr in ihrer Gesammtheit
solche Stoffe im Auge, welche beigebracht in concreto die Gesund=
heit zerstören, nicht bloß beschädigen können. In dieser Zusammen=
fassung ist Gift subsumiert und hat ausdrücklich nur in Anlehnung
an die Volksanschauung Erwähnung gefunden[1]).

§ 10.

„Wer vorsätzlich . . . . beibringt."

Das Gesetz macht den Eintritt der Strafe nicht von einem
gesundheitsverletzenden Erfolge abhängig, sondern allein davon, daß
das Mittel beigebracht ist. Die Gefährdung von menschlichem Leben
und Gesundheit ist vollendet mit der Beibringung. Aus diesem
Gesichtspunkt ist die Vergiftung als „delictum formale" mit Strafe
bedroht.

Im gemeinen deutschen Strafrecht ist das venificium ein
materielles Verbrechen. Zu seiner Vollendung war die eingetretene
Wirkung des Giftes erforderlich[2]). So stellt sich die Vergiftung
auch noch dar in den preußischen Gesetzentwürfen der Jahre 1843
bis 1846[3]). Die Entwürfe von 1847 und 1850 fordern als
Voraussetzung nur noch die Beibringung[4]).

Damit tritt der Charakter der Vergiftung klar hervor. Die
Gefährdung liegt schon in der Handlung selbst. Sie bildet den
Thatbestand, nicht ihr Erfolg. Die Folgen begründen nur erhöhte
Strafe[5]).

---

[1]) Als Gifte bezeichnet der Sprachgebrauch auch Ansteckungsstoffe,
wie Pockengift, syphilitisches Gift; ob sie zu den „Giften" wirklich zu
rechnen sein, ist allerdings nicht unbestritten; vgl. darüber Olshausen
a. a. O. No. 3.

[2]) Vgl. C.C.C. Art. 130: „wer jemand an Leib und Leben beschädigt."

[3]) Vgl. hierüber und das Folgende: G.A.: Mater. II. S. 426 ff.

[4]) Vgl. G.A. X, S. 536, 537. Die Veranlassung war ein formelles
Bedenken: die Schwierigkeit der Beweislast im Geschworenen-Verfahren
hinsichtlich der vom Gesetz bisher erforderten objektiven und subjektiven
Causalzusammenhangs.

[5]) Vgl. G.A.: Mater. II. S. 427; ferner Entwurf vom Jahre 1850;

Die Strafandrohung richtet sich gegen den, welcher einem Anderen Gift „beibringt“. Der Erfolg kann = 0 sein, der Stoff muß nur beigebracht sein, d. h. „ebensowohl an= wie beigebracht[1]).

Er muß in eine Beziehung zum Körper gebracht worden sein, in welcher er seiner Art nach auf den Organismus zu wirken vermag. Nach der Art des Giftes und nach der Art der Thätigkeit des Handelnden kann sich das Beibringen ganz verschieden darstellen.

Das sinnfällige, physische Beibringen ist das Ungewöhnliche. Daß der Thäter selbst mit eigener Hand seinem Opfer den Gift= trank einflößt oder auf andere Weise durch eigene Thätigkeit un= mittelbar beibringt, ist nicht die regelmäßige Erscheinungsform des Beibringens. Eine solche unmittelbare Handlung des Thäters wird sich meist gegen kleine Kinder richten. Bei ihnen ist die Art des gewaltsamen Beibringens am leichtesten[2]). Indessen kann auch Vergiftung bewußtloser Menschen durch direktes Beibringen erfolgen[3]). Hier liegt der Causalzusammenhang objektiv und subjektiv stets am klarsten.

Die Verbindung zwischen Ursache und Wirkung will der Thäter aber möglichst verwischen. Er nimmt daher gewöhnlich seine Zuflucht zur List.

Beim gewaltsamen Beibringen wird der Widerstand gebrochen,

Motive p. 52: „daß die Verursachung des Schadens nicht als Erfordernis des Thatbestandes an sich aufgestellt ist, sondern im zweiten Alinea nur den qualifizierten Fall begründet.“

[1]) So Limau: a. a. O., S. 361.

[2]) Wobei insbesondere die Säuren eine große Rolle spielen. Vgl. auch J.M.Bl. 1853 S. 201.

[3]) Vgl. Shakespeare: Hamlet Act. I, Scene V: .... Ghost: ....

   .Sleeping within mine orchard,
   Mycustom always of the afternoon
   Upon my secure hour the uncle stole
   With juice of cursed hebenon in a vial
   And in the porches of mine ears did pour
   The leperous distilment; whose effect
   Holds such an enmity with blood of man
   That swift as quicksilver, it courses through
   The natural gates and alleys of the body;

   . . . .

das Opfer kann sich nicht wehren. Geht der Thäter auch mit Hinterlist zu Werke, so kommt der Angegriffene gar nicht in die Lage, sich zu wehren. Nichtsahnend nimmt er in seinem Körper das Gift auf. Auch hier ist noch sehr wohl ein unmittelbares aber nicht mehr gewaltsames Beibringen denkbar, wenn z. B. der Thäter einem Kranken statt des Heilmittels einen Gifttrank einflößt.

In der Mehrzahl der Fälle aber wird sich der Thäter auf das Mischen des Gifttrankes, auf das Zubereiten der vergifteten Speisen u. s. w. beschränken und das Weitere dem Opfer überlassen. Dieser handelt dann, sich selbst das Gift beibringend, ahnungslos als Werkzeug des Thäters.

Ob der letztere sich zur Ausführung seines Verbrechens der Hand eines beliebigen Dritten oder des Vergifteten selbst bedient, bleibt sich gleich. Er hat es beigebracht.

Es ist jedoch nicht zu vergessen, daß der Thäter selbst durch irgend eine Handlung eine Beziehung zwischen dem Gifte und dem Körper des Angegriffenen hergestellt haben muß. Er muß selbst irgendwie gehandelt haben. Er muß durch eine Handlung die Wirkungsmöglichkeit des Giftes auf den Organismus herbeigeführt haben. Die Vergiftung ist ein Begehungsdelikt. Inwieweit also ein bloßes Geschehenlassen, ein Nichtverhindern als Vergiftung betrachtet werden kann, beantwortet sich nach den allgemeinen Grundsätzen vom Kommissiodelikt durch Unterlassung.

Als Beibringen ist ferner auch anzusehen: das Einathmenlassen narkotischer Mittel, das Bringen eines Ansteckungsstoffes oder eines schon auf der Haut wirkenden Giftes an den Körper[1]). Voraussetzung für die Feststellung „beigebracht" ist Wirkungs= möglichkeit auf den Organismus[2]). Die Vergiftung ist nicht vollendet mit der Beibringung des Giftes als solches[3]).

---

[1]) So Olshausen: a. a. O. N. 5. Geyer: a. a. O. S. 563. Hälschner: a. a. O. II. S. 105. Oppenhoff: a. a. O. N. 7.

[2]) Es dürfte ferner ein Beibringen anzunehmen sein, falls z. B. der Thäter stark bleihaltige Kochgeschirre oder Kleider, die eine giftige Farbe enthalten, dolos an jemand verkauft und Vergiftungen infolgedessen eintreten. Vgl. die interessanten Fälle bei Liman: a. a. O. Fall 173, 174, 175, 238. [3]) So H. Meyer: a. a. O. S. 488.

Angenommen, ein Gift sei in einer Oblate enthalten, die sich nicht schon im Munde auflösen könne und werde dolos als Heilmittel gereicht; dann ist der Thatbestand nicht schon erfüllt, wenn das Opfer des Verbrechens die Giftoblate noch auf der Zunge hat. Erst in dem Moment ist das Gift beigebracht, in welchem die Oblate durch die Magensäure so weit aufgelöst ist, daß das in derselben enthaltene Gift seine gesundheitszerstörende Wirkung äußern kann.

Würde sich alsdann die Oblate infolge einer vielleicht krankhaften Zusammensetzung des Magensaftes nicht auflösen können, so wäre das Verbrechen der Vergiftung nicht vollendet. Es würde nur ein strafbarer Versuch mit untauglichem Mittel vorliegen.

§ 11.
Vergiftungs= und Tötungsvorsatz.

Der Vorsatz der Vergiftung ist die Absicht, Jemanden mittelst Giftes eine Gesundheitsbeschädigung zuzufügen.

Der Tötungsvorsatz ist der auf Tötung eines Menschen gerichtete Wille. Es fragt sich, ob der Dolus dieser beiden Delikte sich ausschließe, ob er qualitativ verschieden sei — eine Ansicht, die sich in der Litteratur vertreten findet[1]).

Diese Auffassung dürfte nicht zu begründen sein.

Der Begriff der Lebensvernichtung schließt den der Gesundheitsbeschädigung ein. Die Lebensvernichtung birgt stets eine Verletzung der Körperintegrität und damit wiederum die Gefährdung eines menschlichen Individuums in sich. Mag auch der Zeitraum verschwindend klein sein, in welchem die Gefährdung vor der Verletzung, die Verletzung vor der Vernichtung existent wird. Sie ist doch stets dagewesen[2]). Der Thäter hat stets, wenn er auf der Höhe angelangt ist, vorher jede Sprosse erklimmen müssen. Wie aber diese einzelnen

---

[1]) So Olshausen: a. a. O. S. 873 N. 15 g. (1890) vgl. zu § 229 n. 9 und hier Citierte; s. auch Binding: Lehrbuch § 10 n. 1, a. M. Olshausen: a. a. O. S. 773 n. 15 g. (1893).

[2]) Vgl. Thomsen: Versuch, S. 45.

Grade einander folgen und keiner ohne den voraufgehenden denkbar ist, so schließt sich an den Gefährdungsvorsatz der Verletzungsvorsatz und an diesen wieder der der Vernichtung. — Wer eine Tötung will, muß auch eine Körperverletzung und eine Gefährdung wollen. Der Lebensvernichtungsvorsatz schließt den der Körperverletzung und der Gefährdung nicht nur nicht aus, sondern beide mit Notwendigkeit ein.

Derjenige, welcher ein Rechtsgut nur gefährden will, hat allerdings nicht die Absicht, dasselbe zu verletzen oder zu venichten. Damit ist aber nicht gesagt, daß der Gefährdungsvorsatz den Dolus der Verletzung oder der Vernichtung stets ausschließt[1]), daß nicht neben der Absicht, zu gefährden, sehr wohl der Vorsatz der Verletzung resp. der Vernichtung vorhanden sein kann.

Der bloße Gefährdungsvorsatz will auf das Spannungsverhältnis der den Erfolg abhaltenden und der denselben herbeiführenden Bedingungen durch Verstärkung der letzteren bis zu der Grenze einwirken, wo eine Verletzung noch nicht eintritt. Es bedarf vielleicht nur noch eines Anstoßes und der rechtsverletzende Erfolg ist da.

Sobald aber die Vorstellung von der möglichen Wirkung der That, wenn auch nur eventuell über die Grenze zwischen Gefährdung und Verletzung hinausstreift, ist zum mindesten neben dem Gefährdungsdolus ein eventueller Verletzungsvorsatz.

Derselbe wird auch nicht etwa erst existent mit dem Eintreten des durch ihn gewollten rechtsverletzenden Erfolges, sondern ist schon vor der That vorhanden, wie er ebenso existiert hat, falls der eventuell gewollte Erfolg nicht eintrat. So kann neben der Absicht zu gefährden, ein Verletzungsvorsatz bestehen, neben dem Dolus der Verletzung ein auf Vernichtung gerichteter.

Wenn nun auch sonst freilich neben dem auf Verletzung gerichteten Willen nicht auch noch ein Vorsatz zu gefährden in Betracht kommen kann, so ist es doch anders, wenn, wie hier, die Benutzung eines besonders gefährlichen Mittels an sich schon als Delikt eigener Art behandelt wird. Und wenn es auch richtig ist, daß Körper-

---

[1]) So Binding: a. a. O. II. S. 455.

verletzungen zum Zwecke der Tötung nur unter das Verbot der Tötung fallen, so kommt doch hier die gefährliche Handlung an sich mit der Absicht zu verletzen, und nicht als Körperverletzung, in Frage und ist nur das streitig, ob als Verletzungsabsicht auch die Tötungsabsicht aufgefaßt werden könne; es wird sich nicht dagegen geltend machen lassen, daß sie die weitergehende sei, denn eben darum, weil sie dies ist, schließt sie die Verletzungsabsicht in sich.

Der Thatbestand der Vergiftung erfordert die Absicht, die Gesundheit zu beschädigen. Der Lebensvernichtungsvorsatz enthält den der Gesundheitsbeschädigung. Der Gebrauch des eigenartigen Mittel giebt hier nicht dem Tötungsvorsatze als solchem ein besonderes Gepräge, da das R.St.G.B. einen Giftmord nicht mehr kennt, viel= mehr der Mord in der Anwendung jedes Mittels Mord bleibt[1]). Es ist infolgedessen Idealconcurrenz zwischen der vorsätzlichen Tötung und der Vergiftung möglich[2]).

§ 12.
Der Erfolg und seine Bedeutung.

Der Erfolg ist ohne Bedeutung für den Thatbestand des Ver= brechens. Er ist nur von Bedeutung für die Strafe.

Ein Erfolg, der sich innerhalb des Gebietes der einfachen Körperverletzungen hält, kommt nur für die Zumessung der Strafe aus Abs. 1 in Betracht.

Die Maximalgrenze sind 10 Jahre Zuchthaus.

Ein schwerer Erfolg — schwere Körperverletzung oder der Tod — begründet nach Abs. 2 das qualifizierte Delikt. Er bildet hier straferhöhende Umstände, insofern bei der schweren Körperverletzung die Minimalgrenze der Strafe 5 Jahre Zuchthaus, bei eingetretenem Tode 10 Jahre Zuchthaus sind. Vorausgesetzt wird dabei nur ein

---

[1]) So Olshausen (1883): a. a. O. II S. 800 N. 9; a. M. Ols= hausen (1890): a. a. O. II S. 899 N. 9.

[2]) So Olshausen (1883): a. a. O. II S. 800 N. 9; Oppenhoff: a. a. O. N. 6; Meyer: a. a. O. S. 447, 552 (3. Auflage).

objektiver Kausalzusammenhang mit der Vergiftungshandlung, wenn er auch ein zufälliger ist.

Capitel II.
Der Versuch des Verbrechens.

§ 13.
Der Versuch der einfachen Vergiftung.

Die Möglichkeit des Versuchs der Vergiftung ist nicht ganz unbestritten.

Die Vergiftung sei selbst Versuch der Körperverletzung.

Der Versuch eines Versuches sei nicht denkbar.[1]) —

Die Vergiftung ist allerdings der Versuch einer Körperverletzung, begangen aber mittelst Giftes und insofern Gefährdung. Hierin liegt der Grund für die spezielle Hervorhebung dieser Versuchshandlung, und ihrer selbständigen Deliktsnatur wird das Gesetz mit Notwendigkeit durch besondere Strafandrohung gerecht.

Der Gesetzgeber hat hier eine Versuchshandlung zum selbständigen Delikt erhoben und dieselbe als Gefährdung von Leib und Leben, mit Strafe bedroht. Daraus folgt aber die Möglichkeit eines Versuches dieses delictum sui generis.

Eine andere Frage ist, wann ein Versuch anzunehmen sei.

Unzweifelhaft kann ein Versuch vorliegen, wenn der Thäter bei Ausführung seines Entschlusses noch nicht bis zur Beibringung des Giftes in den Körper des Anderen gekommen ist. Schwieriger wird die Frage, wenn Gift beigebracht wurde, ein gesundheitsschädlicher Erfolg aber infolge zu geringer Quantität des beigebrachten Stoffes nicht eintreten konnte.

Der Versuch verlangt einen geistigen und einen körperlichen Vorgang. Der Vorsatz des Thäters muß zustande gekommen sein und sich mit den gesetzlich erforderten decken. Der Entschluß des Thäters muß sich durch Handlungen, welche einen Anfang der Aus-

---

[1]) So Dalcken i. G A. IV, S. 454 ff. Schwarze, a. a. O. Nr. 4.

führung des beabsichtigten, aber nicht zur Vollendung gekommenen Verbrechens enthalten, bethätigt haben.

Der geistige Prozeß, aus dem der Vorsatz hervorgeht, bleibt ebenso unberührt von der Tauglichkeit oder Untanglichkeit des Mittels, wie der Vorsatz selbst. Er kommt stets auf dieselbe Weise zustande und ist stets der gleiche. Ob der Thäter, in dem Glauben, er könne mit Zucker Jemand vergiften, Zucker nimmt, oder ob er irr= thümlich statt Arsenik Zucker ergreift oder aber Arsenik — sein Vorsatz ist stets der gleiche. Man kann weder die Tauglichkeit oder Untauglichkeit eines Mittels zur Bedingung machen für das Zu= standekommen des Vorsatzes noch für die Möglichkeit eines Anfanges der Ausführung. Derjenige, welcher als Anfang der Ausführung das Vorhandensein eines objektiven Teils der That verlangt und bestreitet, daß ein solcher durch untaugliche Mittel verwirklicht werden könne, verkennt, daß es überhaupt zur Vollendung nur bei Taug= lichkeit des Mittels kommen kann.[1]

Nach dieser Auffassung fragt es sich lediglich: kann das Mittel in dem concreten Falle den Erfolg herbeiführen. Ist der Erfolg nicht eingetreten, so war das angewendete Mittel immer untauglich, und es kann nicht darauf ankommen, ob es überhaupt untauglich war.

Wollte man aber sagen, es sei, wenn das benutzte Mittel un= tauglich, kein Versuch möglich, weil auch keine Vollendung möglich wäre, so käme man zur Verneinung der Möglichkeit des Versuches überhaupt, da die Tauglichkeit des Mittels sich stets erst mit der Vollendung herausstellte.

Zum Versuch ist nichts weiter erforderlich, als daß der ver= brecherische Vorsatz des Thäters in die Außenwelt getreten ist, d. h. sich in einer der Ausführung des Deliktes dienenden Handlung ver= körpert hat.

Darnach kommt für die Strafbarkeit des Versuchs der Ver= giftung nichts darauf an, ob das Mittel tauglich oder untauglich

---

[1] vgl. Binding a. a. O. S. 411, Anm. 633.

ist. Es ist ganz gleichgültig, ob sich der Thäter in der Identität des Mittels irrt und statt Arsenik Calomel giebt, oder ob er sich über die Wirkungsmöglichkeit des Mittels täuscht und eine zu geringe Dosis Gift oder einen unschädlichen Stoff giebt.

§ 14.

Ist ein Versuch der qualifizierten Vergiftung aus Abs. 2 des § 229 denkbar?

Das Verbrechen der Vergiftung kann unzweifelhaft begangen werden in der Absicht, eine schwere Körperverletzung oder gar den Tod herbeizuführen.

Ebenso ist auch ein Versuch in dieser Richtung denkbar.

Es ist aber auch — von Thomsen — die Auffassung vertreten, daß der Thatbestand des § 229 selbst ein vorsätzliches qualifiziertes Delikt sowohl bezüglich der schweren Körperverletzung als auch des Todes in sich schließe und mit Strafe bedrohe [1]) und also auch ein Versuch dieses vorsätzlichen qualifizierten Deliktes möglich sei.

Im Folgenden soll des Näheren eine Widerlegung versucht werden.

Die Frage ist dahin zu praezisieren: Läßt § 229 eine Richtung des Vorsatzes auf schwere Körperverletzung und auf Tod zu, oder schließt er dieselbe vielmehr aus?

Läßt sich in dieser Hinsicht aus dem Wortlaut des Paragraphen etwas entnehmen? Derselbe schließt nicht unbedingt die Annahme aus, daß der Vorsatz auch auf eine schwere Körperverletzung und auf Tod gerichtet sein könne.

Das Wort „verursachen" bedeutet nichts als die Verbindung zwischen Ursache und Wirkung. Es bezeichnet nur den objektiven Causalzusammenhang und kann denselben ebensowenig bei dem zufällig bewirkten Eintritt, wie bei dem fahrlässigen und dem vorsätzlichen des rechtswidrigen Erfolgs andeuten. [2])

---

[1]) So Thomsen, Versuch S. 149 ff.

[2]) Vgl. Thomsen: Versuch S. 40.

Im Allgemeinen jedoch wird der Ausdruck „verursachen" in Hinsicht auf einen gewollten Erfolg nicht gebraucht.

Der Wortlaut des § 229 spricht vielmehr für die Annahme, daß der Gesetzgeber bei dem Ausdruck „verursachen" nur an die zufällige oder fahrlässige qualifizierte Folge des einfachen vorsätzlichen Delikts gedacht hat und auch diese nur hat bestrafen wollen.

Geht nun aus der historischen Entwicklung des § 229 nichts Anderes hervor, so kann dem Gesetzgeber nicht nachträglich ein Gedanke untergelegt werden, den er nicht besessen und nicht zum Ausdruck gebracht hat, vielmehr ist dann anzunehmen, daß der vorsätzlich herbeigeführte Erfolg hier ausgeschlossen ist.

Die Begründung hierfür aber liefert die Entwicklungsgeschichte des § 229.[1])

Die dem Preuß. St. G. B. vorausgehenden Entwürfe der Jahre 1843 bis 1847 haben zum Teil noch das Erfordernis, daß eine Beschädigung der Gesundheit oder der Tod infolge Beibringung von Gift erfolgt ist.

So lautet § 307 des Entwurfs von 1843:

„Wer einem Anderen Gift beigebracht und dadurch den Tod desselben bewirkt hat, soll mit dem Tode bestraft werden, ohne . . . ."

Die schließliche Fassung ist:

„daß die, ohne Absicht zu tödten, aber in der Absicht zu schaden erfolgte Beibringung von Gift mit 5—20jähriger Zuchthausstrafe zu belegen sei, wenn dadurch ein Schaden an der Gesundheit zugefügt wird'"

Der Entwurf von 1847 spricht sich in § 242 dahin aus:

„Wer in der Absicht zu schaden, jedoch ohne die Absicht zu tödten, einem Anderen Gift beibringt, soll mit Zuchthaus bis zu 20 Jahren bestraft werden."

Im Entwurf vom Jahre 1850 lautet der Vergiftungsparagraph fast genau so, wie der § 197 des Preuß. St. G. B. Im dritten

---

[1]) Vgl. G. Mater II S. 427 ff. auch G. A. X. S. 536.

Abſatz findet ſich nur die geringe Abweichung „lebenswieriges Zucht= haus," ſtatt „lebenslängliches Zuchthaus.

Und der § 197 des Preuß. St. G. B. ſagt ſchließlich:

„Wer vorſätzlich einem Andern Gift oder andere Stoffe bei= bringt, welche die Geſundheit zu zerſtören geeignet ſind, wird mit Zuchthaus bis zu zehn Jahren beſtraft.

Hat die Handlung eine ſchwere Körperverletzung (§ 193) zur Folge gehabt, ſo beſteht die Strafe in Zuchthaus von 10 bis zu 20 Jahren.

Hat die Handlung den Tod zur Folge gehabt, ſo tritt lebenslängliche Zuchthausſtrafe ein.

Dieſe Beſtimmungen berühren nicht den Fall, wo der Thäter die Abſicht zu töten hatte."

Es ſeien zunächſt kurz die Hauptgeſichtspunkte der Entwicklung bis hierher hervorgehoben.

Das Erfordernis des verurſachten Schadens, zuerſt noch vor= handen, tritt allmählich mehr und mehr in den Hintergrund und verſchwindet ſchließlich als bedeutungslos aus dem Thatbeſtand der Vergiftung. Mit dem Ausſcheiden dieſes Erforderniſſes geht aber noch etwas Anderes Hand in Hand. Ließ nämlich „die Schwierigkeit der Beweislaſt im Geſchworenenverfahren die vom Geſetz bisher er= forderte objektive Kauſalität bedenklich erſcheinen" (G. A. II p. 427 X p. 536), wie viel ſchwerer mußte dieſelbe ſubjektiv zu be= weiſen ſein.

So wird auch dies Erfordernis mehr und mehr zurückgedrängt: die Beibringung von Gift, in der Abſicht zu ſchaden genügt.

Der Erfolg kommt garnicht mehr für den Thatbeſtand an ſich in Betracht, ſondern nur noch für die Schwere der Strafe. [1])

Damit zeigt ſich die Vergiftung in ihrer wahren Natur, als das was ſie iſt: als Gefährdung von Leib und Leben. Der Geſetzgeber

---

[1]) Vgl. G. II Mater S. 427. Motive zum Entwurf von 1850 S. 52: „daß die Verurſachung des Schadens nicht als Erfordernis des That= beſtandes an ſich aufgeſtellt iſt, ſondern im zweiten Alinea nur den qualifizierten Fall begründet."

legt nur noch auf die Handlung das Schwergewicht. Sie allein
bildet den wesentlichen Thatbestand des Deliktes, ohne Rücksicht auf
ihren Erfolg.

Ob der Vorsatz auf mehr als eine einfache Gesundheits=
beschädigung gerichtet ist, kommt bei der Vergiftung garnicht mehr
in Frage.[1] Auf demselben Standpunkt steht das Preuß. St. G. B.
wenn es Abf. 4 sagt (§ 197): „Diese Bestimmungen berühren nicht
den Fall, wo der Thäter die Absicht zu töten hatte."

Sollte nun wirklich das Reichsstrafgesetzbuch diesen Standpunkt
verlassen haben? Das ist höchst unwahrscheinlich!

Prüfen wir nunmehr die Gründe, welche Thomsen (a. a. O.)
für seine Behauptung anführt.

Er erkennt an, daß im § 97 des Preuß. St. G. B. durch den
Absatz 4 das vorsätzliche qualifizierte Delikt hinsichtlich der Tötung
ausgeschlossen ist.

Daß der § 197 auch ein vorsätzliches qualifiziertes Delikt, be=
züglich der schweren Körperverletzung nicht kennt, hat die Ent=
wicklungsgeschichte gezeigt.[2]

Wie verhalten sich nun der § 224 des Entwurfes I zum
R. St. G. B. und der § 197 des Preuß. St. G. B. zu einander?

Die Motive geben hierüber folgende Auskunft:

„Der die Verzichtung behandelnde § 224 weicht nur in=
sofern vom preuß. Strafgesetzbuch ab, als durch die Worte

---

[1] So sprechen sich auch die Motive zum Entwurf des St. G. B. für
die Preuß. Staaten aus: § 160: . . . , „daß für den Fall, wo der Tod
herbeigeführt worden, lebenswierige Zuchthausstrafe bestimmt ist, erscheint
mit Rücksicht auf die Schwere des Verbrechens und den Umstand gerecht=
fertigt daß derjenige, welcher das Gift, wenn auch nicht in der Absicht zu
tödten, beibringt, sich doch stets sagen muß, auch der Tod könne eintreten."

[2] Das Gegenteil dürfte nicht daraus folgen, daß § 197 ausdrücklich
bei Erwähnung der schweren Körperverletzung auf § 193 hinweist.
Lediglich das soll mit diesem Hinweis hervorgehoben werden, was der
Gesetzgeber unter schwerer Körperverletzung versteht. Wollte der Gesetz=
geber hingegen die Möglichkeit des Vorsatzes auf die qualifizierte Ver=
giftung damit feststellen, so hätte er § 193 hinter den Worten „zur Folge
gehabt" nicht aber hinter „Körperverletzung" eingeschaltet.

„um die Gesundheit zu beschädigen, die verbrecherische Absicht ausdrücklich näher bezeichnet ist."

Das soll nicht mehr und nicht weniger heißen, als daß die Auffassung des Thatbestandes der Vergiftung und seiner notwendigen Erfordernisse im neuen Entwurf von der des preuß. Strafgesetzbuchs nur insofern verschieden sei, „als durch die Worte . . . ."

Die Beweisführung von Thomsen baut sich nun darauf auf, daß er außer dieser durch die Motive konstatierten Verschiedenheit noch mehrere Unterschiede zwischen den beiden in Frage kommenden Paragraphen feststellt und dann den Schluß zieht: die Motive er= wähnen nur die Hauptabweichung aber nicht nur die einzige Ab= weichung. Aus der betreffenden Stelle der Motive läßt sich daher der Ausschluß des hinsichtlich des qualifizierenden Erfolges nicht feststellen.

Die Prüfung der Art und Wichtigkeit der nicht von den Motiven erwähnten Verschiedenheiten kann nur auf Grund der beiden Paragraphen erfolgen, die daher im Wortlaut einander gegenüber gestellt sind: Preuß. St. G. B. § 197.

„Wer vorsätzlich einem Andern Gift oder andere Stoffe bei= beibringt. welche die Gesundheit zu zerstören geeignet sind, wird mit Zuchthaus bis zu zehn Jahren bestraft.

Hat die Handlung eine schwere Körperverletzung (§ 193) zur Folge gehabt, so besteht die Strafe in Zuchthaus von 10 bis zu 20 Jahren.

Hat die Handlung den Tod zur Folge gehabt, so tritt lebens= längliche Zuchthausstrafe ein.

Diese Bestimmungen berichten nicht den Fall, wo der Thäter die Absicht zu töten hatte."

Entwurf I § 224 (= § 229 M. St. G. B.)

„Wer vorsätzlich einem Andern, um dessen Gesundheit zu be= schädigen, Gift oder andere Stoffe beibringt, welche die Gesundheit zu beschädigen geeignet sind, wird mit Zuchthaus bis zu 10 Jahren bestraft.

Ist durch die Handlung eine schwere Körperverletzung verursacht worden, so ist auf Zuchthaus nicht unter fünf Jahren und, wenn durch die Handlung der Tod verursacht worden, auf Zuchthaus nicht unter zehn Jahren oder auf lebenslängliches Zuchthaus zu erkennen."

Der Vergleichung dieser beiden Paragraphen muß vorausgeschickt werden, daß

1. der § 197 bei der qualifizierten Vergiftung Vorsatz weder bezüglich der schweren Körperverletzung noch der Tötung, wie oben aus der Vorgeschichte ersichtlich, vorausgesetzt.

2. bei der Übernahme des § 197 in den Entwurf zum R. St. G. B. lediglich die Frage im Vordergrunde der Erörterung stand, ob der § 224 die Worte enthalten solle „um dessen Gesundheit zu beschädigen," oder nicht. [1]

Dies Erfordernis war insofern nichts vollständig Neues, als schon die schließliche Fassung des Entwurfs von 1843 § 307 und des von 1847 und 242 in ähnlichen Worten „die Absicht zu schaden" erwähnt. Es liegt darin kein neues Thatbestandsmoment, sondern nur eine ausdrückliche nähere Bezeichnung der Absicht des Thäters.

Außer dieser erwähnten Verschiedenheit finden sich nun noch folgende Abweichungen:[2]

1. § 224 spricht von Stoffen, welche zu „beschädigen," § 197 von solchen, welche zu „zerstören" geeignet sind. (§ 229) wiederum . . . Stoffe, welche zu „zerstören" . . .)

2. § 224 hat aus den beiden Absätzen 2 und 3 des § 197 einen einzigen gebildet.

3. § 224 spricht von „ist verursacht worden," § 197 von „hat . . . . zur Folge gehabt."

4. § 224 hat die Strafe des § 197 für die qualifizierten Fälle herabgesetzt.

5. § 224 hat den Absatz 4 des § 197 weggelassen.

---

[1] So auch Thomsen: Versuch S. 153.
[2] Vgl. Thomsen: Versuch S. 152. Die Punkte sollen hier in der Reihenfolge durchgegangen werden, wie sie Thomsen aufführt.

Welcher Art und von wie großer Wichtigkeit sind nun diese Abweichungen?

Zu 1. Ein Stoff, welcher zu zerstören imstande ist, kann zweifellos auch beschädigen. Es handelt sich hier also nur um eine schärfere Praezisierung der Natur dieses Stoffes, als eines „gesund= heitsschädlichen" (vgl. Motive zum § 224) auf Grund des Gut= achtens der wissenschaftlichen Deputation, das gerade hierauf von hervorragendem Einflusse war.

Zu 2. Es wird lediglich ein bloß formeller Unterschied be= handelt, der wirklich nicht des Erwähnens wert war.

Zu 3. Die Bezeichnung des objektiven Causalzusammenhangs durch das Wort „zur Folge gehabt" ist ersetzt durch das Wort „verursacht worden", ein Ausdruck, der allerdings nicht durchaus jede subjektive Bezeichnung ausschließen muß, aber dieselbe in seiner sprachlichen Bedeutung eher ausschließt, als enthält.

Keinesfalls läßt sich aus der Vertauschung dieser beiden Aus= drücke hier ein inhaltlicher (materieller) Unterschied feststellen.

Zu 4. Eine Änderung der Strafe für die qualifizierten De= likte, ohne Bedeutung für das Verhältnis der Thatbestände beider Paragraphen zu einander.

Zu 5. Die Motive zum Preuß. St.=G.=B. sprechen sich über den Abs. 4 des § 197 dahin aus: „Die Bestimmung im vierten Absatz dieses Paragraphen ist zur Vermeidung von Mißverständ= nissen über die Anwendung desselben aufgenommen." Damit sagen die Motive, daß der Abs. 4 lediglich Mißverständnissen vorbeugen soll, welche auf Grund der früheren Auffassung, die zum Teil noch in den vorhergehenden Entwürfen vertreten ist, möglich waren. Nachdem jedoch diese neue Auffassung des Thatbestandes der Ver= giftung, welche auch in Absatz 4 des § 197 ihren Ausdruck fand, sich in der Praxis eingebürgert hatte, konnte der Abs. 4 bei der Übernahme des § 197 in das R.=St.=G.=B. fallen.[1]

---

[1] Es ist auch nicht anzunehmen, daß der Gesetzgeber durch bloßes Streichen des Abs. 4 den bis dahin ausgeschlossenen Tötungsdolus wieder hätte einführen wollen. Es wäre dies ein solcher Rücktritt und

Er hatte seinen Zweck erfüllt und war nicht mehr nötig. —

Nur zwei Annahmen sind möglich:

Entweder hat der Gesetzgeber seit dem ersten Entwurf zum Preuß. St.=G.=B. bis zum R.=St.=G.B. ein vorzügliches qualifiziertes Delikt bezüglich der schweren Körperverletzung, wie der Tötung anerkannt, oder er hat seine Auffassung bei Übernahme des § 197 in das R.=St.=G.=B. geändert.

Das erste ist auf Grund der historischen, wie der degmatischen Entwicklung undenkbar.

Das zweite könnte der Gesetzgeber in dem erwähnten Zeitpunkte ausdrücklich gethan haben, oder er könnte die Änderung unerwähnt gelassen haben.

Die erste Voraussetzung liegt nicht vor. Sie ergiebt sich nicht aus der Vergleichung der beiden Paragraphen.

Die zweite Voraussetzung ist ebenfalls nicht anzunehmen. Der Gesetzgeber hätte sich damit grundsätzlich auf einen anderen Boden gestellt, als wie die Entwicklung des Delikts nach preuß. St.=R. geschaffen hatte. Er hätte damit die bisher maßgebende Anschauung fallen lassen und den Thatbestand des Verbrechens geändert.

Der Grundcharakter der Vergiftung, die Gefährlichkeit der That, der vorsätzliche Gebrauch eines Mittels, dessen Wirken in seinen einzelnen Folgen nie abzusehen und zu beherrschen ist, wäre damit in ein falsches Licht gerückt worden.

Dies Verbrechen, dessen Eigentümlichkeit es gerade ist, „daß nicht das Bewußtsein der Zulänglichkeit des dargereichten Giftmaaßes zur Hervorbringung gewisser Nachteile und somit auch nicht die Absicht, solche bestimmte Nachteile hervorzubringen, zur Feststellung der Thatsachen gehört,"[2] hätte sein altes Aussehen wieder erhalten, wie in der Zeit vor den Entwürfen.

---

andererseits von so großer Tragweite gewesen, daß die Motive nicht hätten darüber hinweggehen können.

[2] So Entsch. d. O.=Tr. 1862, mitgeteilt zum Teil in G. A. Bd. X. S. 528 ff.; 537—547. Vergl. überhaupt Oppenh.: Entsch. d. O.=Tr. II, S. 416; Z. 411—418.

Ohne eine ausdrückliche Erwähnung in den Motiven ist eine solche Abweichung nicht anzunehmen.

Da aber der Charakter, der Thatbestand des Delikts derselbe blieb, so lag es um so näher, daß bei Schaffung des § 224 bezieh. § 229 die Motive nur den Punkt erwähnten, welcher gegenüber den verhältnismäßig geringfügigen anderen Abweichungen im Vorder= grunde des Interesses stand.

Die Motive negieren hiermit die anderen Abweichungen nicht, sondern sie übergehen sie nur.[1]

Aus allen diesen Gründen dürfte ein vorsätzliches qualifiziertes Delikt sowohl bezüglich der schweren Körperverletzung als auch der Tötung aus § 229 ausgeschlossen sein.

Damit ist auch der Versuch dieser beiden qualifizierten Ver= giftungsfälle aus § 229 undenkbar.[2]

§ 15.

Der Rücktritt von der Ausführung und die thätige Reue.

Der sich auf die Überschrift beziehende Paragraph (§ 46) des R.=St.=G.=B. lautet:

„Der Versuch als solcher bleibt straflos, wenn der Thäter

1) die Ausführung der beabsichtigten Handlung aufgegeben hat, ohne daß er an dieser Ausführung durch Umstände ge= hindert worden ist, welche von seinem Willen unabhängig waren, oder

2) zu einer Zeit, in welcher die Handlung noch nicht entdeckt war, den Eintritt des zur Vollendung des Verbrechens

---

[1] So auch Thomsen: Versuch S. 153.

[2] Etwas ganz Anderes ist es, daß die qualifizierenden schweren Folgen sich denkbarer Weise auch an den Versuch der einfachen Vergiftung anschließen können. (Es ist wohl richtiger, hier nicht von einem Versuche des fahrlässig oder zufällig qualifizierten Deliktes zu reden; vergl. darüber Thomsen Versuch p. 20 ff. 85. Freilich dürfte auch die Be= zeichnung dieses eigentümlich qualifizierten Versuches als eines vollendeten Deliktes nicht zutreffend sein.

oder Vergehens gehörigen Erfolgs durch eigene Thätigkeit abgewendet hat."

Die im Abs. 1 des § 46 bezeichnete Handlung wird im Allgemeinen, wenn auch ungenau[1]) Rücktritt vom Versuche, besser Rücktritt von der Ausführung genannt.[2]) Ein Versuch und zwar ein an sich strafbarer liegt bereits vor. Das Gesetz sichert dem Thäter aber Straflosigkeit zu unter der Bedingung des Abs. 1.[3])

Hier ist aber zu beachten, daß die Vergiftung ohne gesundheitsschädlichen Erfolg schon mit der Beibringung des Giftes vollendet ist, und daß andererseits Handlungen, welche der unmittelbar auf die Beibringung gerichteten Handlung vorausgehen, nur Vorbereitshandlungen sind, bei welchen also ein Rücktritt vom „Versuche" nicht in Frage kommt.

Die sogenannte thätige Reue verlangt im Gegensatz zu Abs. 1 die Abwendung des rechtverletzenden Erfolgs durch eigene Thätigkeit. Immerhin darf der Erfolg noch nicht eingetreten sein. Sobald aber das Gift beigebracht ist, ist das Verbrechen vollendet und thätige Reue daher unmöglich.

Sie erscheint jedoch möglich, im Versuchsstadium, wenn z. B. der Thäter seinem Opfer im letzten Moment, wo jener den vergifteten Trank an den Mund setzt, denselben aus Reue wegreißen würde.

Es ist falsch von thätiger Reue zu sprechen, wenn der Thäter nach Beibringung des Giftes von Gewissensbissen getrieben durch angewendete Gegenmittel oder durch Holen eines Arztes, den gesundheitsbeschädigenden Erfolg vielleicht noch abwendet.

Das Verbrechen ist vollendet. Der Thäter hat die Brücke hinter sich abgebrochen.

---

[1]) Vergl. Thomsen: Versuch S. 70 ff.

[2]) Vergl. zu [1])

[3]) Es kann hier unerörtert bleiben, aus welchen Gründen Straflosigkeit des Rücktritts eintritt. Vgl. Thomsen: Crimin. Bek. Methoden S. 68 ff. Meyer a. a. O. S. 213. Binding: a. a. O.

Der Schutz des § 46 ist ausgeschlossen.

Diese letzte Consequenz führt allerdings unzweifelhaft zu ge=
wissen Unzuträglichkeiten.[1]

Eine eigentümliche Folge ist auch die, daß bei dem straflosen
Rücktritt vom Versuche des Giftmordes, sobald das Gift beigebracht
war, vollendete Vergiftung aus § 229 übrig bleibt.[2]

§ 16.
Die Buße.

Es ist in der Litteratur bestritten, ob im Falle des § 229
nur bei eingetretener Gesundheitsbeschädigung eine Buße statthaft
sei.[3] Auch hier wird man unseres Erachtens der eigentümlichen
Natur des Vergiftungsverbrechens nur gerecht, wenn man dieselbe
in jedem Falle für zulässig erklärt.

Der Angegriffene muß Genugthuung für den feindseligen
Eingriff in das Gebiet seiner Korperinteprität haben, der je hier
ein besonders gefährlicher ist, und zwar unbedingt, mag ein Nachteil
entstanden sein oder nicht, denn nicht der Erfolg ist das Maßgebende
bei der Vergiftung, sondern die Handlung, die Gefährdung von
Leib und Leben und stets auf eine „Körperverletzung" gerichtet ist.
Dabei ist selbstverständlich vorausgesetzt, daß überhaupt für die Zu=
erkennung der Buße der Eintritt einer wirklichen Körperverletzung
nicht für unbedingt notwendig zu erachten ist.[4]

---

[1] So z. B. besonders in dem von Thomsen: Crim. Pef. Meth.
S. 68 und 69 N. 11 erwähnten Falle: A giebt den B ein Pulver ein,
um ihn zu vergiften; nach kurzer Zeit bereut er die That und als er ein
Gegengift geben will, merkt er, daß er dem B statt des Giftes ein un=
schuldiges Pulver beigebracht hat.

[2] So auch Olsh. (1883): a. a. O. II S. 800 N. 9; Geyer: a. a.
O. S. 564; a. M. Olsh. (1890): a. a. O. II S. 899; Binding, Lehrbuch
S. 20 Nr. 5.

[3] Vgl. Olsh.: a. a. O. II S. 902 N. 4 und die hier Citierten.

[4] Vgl. darüber Olshausen a. a. O. N. 3 und die hier Citierten.

Lebenslauf.

Ich, Fritz Herman Hetzer wurde am 11. Januar 1874 in Göttingen geboren. Dortselbst besuchte ich das Gymnasium bis zum Jahre 1884. Von diesem Jahre an besuchte ich in Folge Versetzung meines Vaters, des Landgerichtsdirektors Hetzer nach Stettin das Marienstiftsgymnasium und das König-Wilhelms-Gymnasium. Das letztere verließ ich nach bestandenem Abiturientenexamen Ostern 1892 um die Universität zu beziehen. Ich widmete mich dem Studium der Rechts- und Staatswissenschaften und hörte Vorlesungen bei den Herren Professoren: Cohn, v. Kluckhohn, Leist, Joh. Merkel, Regelsberger, v. Wilamowtz, v. Hippel, Knapp, Laband, Lenel, Ad. Merkel, Pescatore, Stampe, Stoerck, Wetsmann.

Am 27. Juli 1895 bestand ich mein erstes juristisches Staatsexamen und unterzog mich dem Rigorosum am 2. August 1895.

An dieser Stelle sei es mir zum Schluß verstattet, meinen hochverehrten Lehrern meinen geziemenden Dank auszusprechen.